ALLEGRI TÁCTICO

ANÁLISIS Y TAREAS DE ENTRENAMIENTO

ISAAC JUÁREZ

Allegri Táctico/ Isaac Juárez - 1a edición
LIBROFUTBOL.com, 2021.

154 páginas; 15,2 x 22,9 cm.

ISBN 978-987-8370-61-3

1. Fútbol.
CDD 796.3342

ALLEGRI TÁCTICO
de Isaac Juárez

Cubierta y Maquetación: Luciano Medvetkin

Foto del autor: © Isaac Juárez

ISBN 978-987-8370-61-3

1ª edición: noviembre 2021

ediciones@librofutbol.com
+54 9 11 2215 1982
librofutbol

Olga Cossettini 1112 - oficina 8F - Ciudad de Buenos Aires - Argentina

Contenido

PRÓLOGO DE BOJAN KRKIC 5

MASSIMILIANO ALLEGRI COMO PROFESIONAL 7

SU LIBRETO EN AC MILAN 13

SISTEMAS DE JUEGO 14

ATAQUE ORGANIZADO 18

FASE DE INICIO 18

FASE DE CREACIÓN 26

FASE DE FINALIZACIÓN 34

DEFENSA ORGANIZADA 40

DÓNDE REALIZA LA PRESIÓN Y CONCEPTOS DEFENSIVOS A DESTACAR 40

TRANSICIÓN DEFENSA-ATAQUE 51

TRANSICIÓN ATAQUE-DEFENSA 55

ACCIONES A BALÓN PARADO OFENSIVAS 58

ACCIONES A BALÓN PARADO DEFENSIVAS 61

COMPORTAMIENTOS EN SAQUES DE ESQUINA 61

COMPORTAMIENTOS EN FALTAS 63

SU LIBRETO EN JUVENTUS DE TURÍN 67
SISTEMAS DE JUEGO 68
ATAQUE ORGANIZADO 73
FASE DE INICIO 73
FASE DE CREACIÓN 87
FASE DE FINALIZACIÓN 99
DEFENSA ORGANIZADA 106
DÓNDE REALIZA LA PRESIÓN Y CONCEPTOS DEFENSIVOS A DESTACAR 109
TRANSICIÓN DEFENSA-ATAQUE 115
TRANSICIÓN ATAQUE-DEFENSA 119
ACCIONES A BALÓN PARADO OFENSIVAS 123
ACCIONES A BALÓN PARADO DEFENSIVAS 126
COMPORTAMIENTOS EN SAQUES DE ESQUINA 126
COMPORTAMIENTOS EN FALTAS 127
JUVENTUS 2.0 131
P-4-4-2 COMO SISTEMA TIPO 132
MEZCLA DE VETERANÍA Y HAMBRE EN EL PLANTEL .. 133
FASE DEFENSIVA 134
TRANSICIONES OFENSIVAS 136
TAREAS DE ENTRENAMIENTO 137
DEL ANÁLISIS DEL JUEGO A LA PUESTA EN PRÁCTICA 137
TAREAS DE ENTRENAMIENTO 138
SOBRE EL AUTOR 153

PRÓLOGO DE BOJAN KRKIC

De Allegri siempre digo que es una persona a la que quiero, admiro y tengo especial cariño. Pocas veces, en el mundo del fútbol, encuentras gente que te trate de forma humana, que no te vea solo como un mero actor dentro del mundo del business. Él es uno de ellos. Es más, puedo decir, sin equivocarme, que es de los entrenadores más cercanos y respetuosos que existen hoy en día.

Recuerdo la primera vez que fui a cenar con él y con Galliani. No pasaron muchos minutos hasta que me demostró que era abierto, serio cuando la situación lo requería -sabiendo diferenciar en qué momentos tocaba ser mesurado y en cuáles podía mostrarse más distendido-, sincero, sociable y, sobre todo, muy pendiente de fomentar la relación con el jugador. De no esconderse de él.

En definitiva, es un tipo que ha hecho las cosas muy bien en Italia, tanto en el Milan como en la Juventus. Con un carisma que atrae a mucha gente. Además, a nivel interno, considero que tiene mucho mérito, pues no olvidemos que llegó cuando la Juventus había ganado dos Scudettos, siendo un equipo ganador y llevándolo a dos finales de Champions...

Su éxito no es casualidad ya que es muy trabajador y muy severo en los entrenamientos. Le gusta tener todas las cosas controladas: las charlas, las sesiones preparatorias... Se involucra en cada una de las prácticas, preparando muy bien las fortalezas y debilidades del equipo contrario. He tenido varios entrenadores y él, en concreto, es muy

dinámico. No es nada monótono. No lo basa todo en el contraataque y no es el paradigma de entrenador que utiliza defensas de 5. Le gustan los delanteros móviles, algo que a mí me venía muy bien. Me dejaba recibir entre líneas, dando apoyos, ayudando en la creación en el último tercio de campo, intercambiando posiciones con extremos, jugando también por fuera... Y eso no es normal allí. Los italianos no están acostumbrados a jugar con un 9 de mi estilo, pero Allegri es de los pocos que puede utilizar un perfil más móvil, no tanto de referencia, ya que está más abierto a esto. Le gustan los jugadores que se pueden asociar con el medio campo y generar esa conexión entre medios y delanteros.

Siempre le ha gustado el futbolista creativo, por eso no lo relaciono con el típico entrenador transalpino. Le gusta el juego, el fútbol. El jugador que hace cosas con el balón, que es habilidoso.

En definitiva, es un míster que está preparado para entrenar a equipos grandes fuera de Italia. Allí sabe lo que es lidiar con clubes que exigen mucho y también con jugadores que son estrellas, por lo que fuera de sus fronteras podría hacerlo con igual fortuna.

Para mí fue un placer coincidir con él y conocerle como persona. Ojalá este libro ayude a los lectores a poder hacerlo también.

MASSIMILIANO ALLEGRI COMO PROFESIONAL

Massimiliano Allegri, nacido en Livorno el 11 de agosto de 1967, desde pequeño fue un apasionado del fútbol. Soñador como tantos toscanos con llegar a la Serie A italiana y ser jugador profesional. Algo que conseguiría en el año 1989.

Después de jugar para Livorno durante tres temporadas, tras ser descubierto por el histórico presidente Romeo Anconetani, se traslada a Pisa, club con el que debutaría un 11 de junio del 1989; precisamente, frente el AC Milan, un club que marcaría su trayectoria como entrenador más adelante. Las apariciones del elegante centrocampista fueron escasas, y decide regresar a Livorno, en la cual competiría en la Serie C2.

Tras un breve paso en la Serie C1 con el Pavia, en 1991 ficha por el Pescara, consiguiendo ascender a la Serie A como blanquiazul, y siendo un jugador importante del equipo con 12 goles en 31 partidos. Tras varias temporadas pasa a Cagliari, siendo ya un jugador reconocido en la categoría, con el cuál competiría durante tres años también en la máxima competición nacional italiana.

Volvería a la Serie B con Perugia, en 1995, para logar con el club una nueva promoción a la Serie A antes de ser traspasado a Padua. Este

no sería su último club en la Serie A, sino que su último partido lo juega con el Nápoles.

En el tramo final de su carrera como jugador profesional, disputará la Serie B en Pescara y Pistoiese, dos años en Aglianese en Serie D y C2, antes de terminar su carrera con más de 300 partidos y 56 goles en el Pescara.

Fue terminar su carrera como jugador y rápidamente ponerse en modo entrenador. La temporada 2003-2004 fue su primera al frente de un equipo de fútbol. Empezó a construir su método desde abajo, en la Serie C2, con el Aglianese Calcio; un club de una ciudad pequeña, de apenas 17 000 habitantes, y en la que predominan los hinchas de Fiorentina. La entidad se quedó sin entrenador y apostaron por Allegri, que se había sacado el título de entrenador en Coverciano, a 30 minutos en coche de Agliania. En Coverciano está la Ciudad Deportiva de la Federación Italiana. Por allí suelen pasar los mejores: Conte, Lippi, Ancelotti, Ranieri, Sacchi, Guidolin, o el propio Allegri. En este centro deportivo, los entrenadores deben presentar su tesis de trabajo.

Más tarde, en el 2005, pasaría a dirigir el SPAL 1907 en la Serie C1, y a US Grosseto en 2006.

El primer éxito como entrenador llega relativamente pronto. En la temporada 2007-2008, al frente del Sassuolo, se postula como campeón y consigue un histórico ascenso de Serie C1 a Serie B italiana. Al frente del equipo, y como mejor entrenador de la división, recibe el galardón "Panchina de Oro".

Cagliari sería su próximo destino. En 2008 aterriza en el club de la ciudad de Cerdeña, ya en la Serie A italiana. En su estreno en la categoría son varias las derrotas que lo sitúan en el ojo del huracán; sin embargo no es reemplazado, mantienen en él la confianza depositada a inicios de temporada y el equipo le da la vuelta a la situación, acabando en noveno lugar y consiguiendo resultados extraordinarios (empate frente al Inter, victoria 1-4 sobre la Lazio, o la victoria en casa por 3-2 frente a la Juventus de Turín).

La siguiente temporada sería recordada con luces y sombras para el técnico italiano. Tras un inicio mejorable en cuanto a resultados, remontan y se llegan a situar en la séptima plaza. Su nombre en esa época empieza a sonar para grandes clubes nacionales debido a sus buenos resultados. Nombres como el AC Milan, la Juventus de Turín y la Fiorentina tenían en su lista de futuribles al entrenador toscano. Al llegar febrero, se entrega la "Panchina de Oro", premio que vuelve a conseguir, esta vez por su gran trabajo el año anterior en la Serie A, otorgado por el voto de técnicos de la Serie A y Serie B. A pesar de esto, llegan las sombras. En abril de 2010 y después de nueve partidos sin ganar, aunque con cinco puntos de margen sobre los equipos que marcaban el descenso a la Serie B, es despedido por Massimo Cellino, presidente del club.

El 25 de junio de 2010 fue un día especial en la carrera de Allegri. Tras un triste final en Cagliari, recoge los frutos de sus anteriores trabajos y le llega la oportunidad de dirigir a uno de los grandes del fútbol italiano, el AC Milan. Aunque no fue recibido con los brazos abiertos por parte de los hinchas rossoneri, en su primera temporada logra el Scudetto y consigue conquistar la Serie A que tantos años había podido disputar como jugador y entrenador. Con este título, logró romper con la hegemonía de sus vecinos, el Inter de Milán, e incluso consiguen conquistar frente a ellos la Supercopa de Italia.

Pero ese Scudetto sería el primero y último en el club rossonero. La temporada siguiente, la 2011-12, el equipo no inicia bien la competición, pero logra recuperarse y luchar hasta el final con la Juventus de Turín por el título italiano.

La temporada 2012-13, tras perder a varios de sus jugadores importantes (Zlatan Ibrahimovic o Thiago Silva al PSG fueron de las más destacadas, entre varias), el club milanés inicia un proceso de reconstrucción. Este, como muchos otros, necesitan de tiempo para volver a competir con los mejores, y tras un inicio bastante mejorable, e incluso con la aparición en los medios del propietario Silvio Berlusconi criticando al equipo, finalmente lograría acabar como tercer clasificado y entrar de nuevo en la máxima competición europea.

Lejos de mejorar los registros del año anterior, la 2013-14 sería la temporada más dura del toscano al frente del equipo. En liga, el equipo no competía por el título y aunque habían confirmado ya su pase a octavos de final de Liga de Campeones (eliminatoria donde quedaría eliminado el equipo en dos de sus tres años anteriores, logrando el

pase a cuartos de final solamente en una de ellas), en enero confirma que no continuaría en el club a partir de la siguiente temporada. Ese mensaje en los medios de comunicación, la temporada del equipo y un resultado adverso contra el Sassuolo con resultado final de 4-3 (dejando al equipo en 11° puesto, a 20 puntos del tercer clasificado), precipitan su adiós y es despedido.

En julio de 2014 y con la marcha de Antonio Conte del equipo turinés, Allegri es confirmado como nuevo entrenador de la Juventus de Turín. El reto era apasionante y complicado a la vez, ya que aterrizaba en un club que había conseguido los tres últimos scudettos y empezaban a dominar el calcio italiano. Se adapta al equipo y toca pocas teclas, siendo un poco continuista y no es hasta avanzada la temporada cuando se ven cambios en el estilo y sistema de juego. Compitiendo a un alto nivel, conquista la Serie A cuatro fechas antes de finalizar y la Copa Italia frente a la Lazio, firmando un doblete que no conseguía el club en los últimos veinte años. A punto estuvo del triplete, pero el Barcelona de Luis Enrique, con el tridente Lionel Messi, Luis Suárez y Neymar en su máximo esplendor, les impidieron conseguir un triplete histórico.

En su segunda temporada, empieza conquistando la Supercopa de Italia. La Vecchia Signora nota las bajas de jugadores destacados (Andrea Pirlo, Arturo Vidal y Carlos Tévez) y se aleja del campeonato. No obstante, tras una desventaja de 11 puntos con respecto al primer clasificado, lograrían ganar de nuevo el Scudetto. Un nuevo doblete, ya que la Copa Italia vuelve a sus vitrinas un año después.

Ya en su tercera temporada, la 2016-17, Massimiliano Allegri será protagonista junto a sus jugadores de dos hitos importantes, consiguiendo la Copa Italia por tercer año consecutivo (algo que no se había logrado en Italia antes) y su tercer Scudetto con el conjunto turinés (y su sexto de manera consecutiva, otro logro inédito en la historia del calcio). Mejorando los registros del año anterior en Liga de Campeones, cuando habían sido eliminados por el Bayern de Múnich en octavos de final, el equipo alcanza de nuevo la final. Esta vez sería el Real Madrid, con Cristiano Ronaldo al frente, el equipo que impediría un triplete por parte de la Juventus de Turín.

Un año más tarde se volverían a encontrar en cuartos de final. Tras una exhibición de Cristiano en el Allianz Stadium, con gol de chilena incluido en el 0-3 de la ida, el equipo italiano estuvo cerca de dar la vuelta al marcador, llegando con 0-3 al tramo final, pero recibiendo un gol tras un penalti (para muchos polémico) de Benatia sobre Lucas Vázquez. Esa eliminación no taparía el trabajo del conjunto bianconero, revalidando de nuevo la Serie A y la Copa Italia, demostrando una vez más al mundo que en Italia mandaban los hombres de Massimiliano Allegri hacía mucho tiempo.

La temporada 2018-19 fue la última de su trabajo en Turín. Tras ganar su quinta competición doméstica, eliminado en cuartos de final de Copa Italia por Atalanta y de Liga de Campeones por el Ajax, puso punto final a un trabajo magnífico. En mayo de 2019, anunció el club la no renovación de Allegri, quien iba a tomarse un año sabático.

El año sabático lo termina encontrando con una situación inusual: una pandemia mundial que afectó a todos, no solo al fútbol. En parte por ello y porque no llegaban ofertas que le convencían, el alejamiento de Allegri de los banquillos se extendió un poco más de la cuenta. Finalmente, se vuelve a reencontrar con su último amor, retomando su último cargo en la Juventus a mediados de 2021.

SU LIBRETO EN AC MILAN

"Es un día muy importante para mí. Estoy orgulloso de poder entrenar a este equipo y ser parte de este gran club. Puedo decirle a la afición que estoy muy contento, feliz y que intentaré sacarle el máximo partido a este equipo. Sustituyo a Leonardo, un entrenador que ha hecho un buen trabajo. El AC Milan bajo su liderazgo luchó hasta el final por ganar el Scudetto y el equipo jugó muy bien. Por tanto, recibo una herencia muy importante. Hoy es el primer día. Ahora tendré todo el tiempo para pensar y un mes para prepararme para la nueva temporada. Entrenar al Milan representa para mí un punto de llegada muy importante en mi carrera. Formo parte de una de las empresas más fuertes del mundo".

Massimiliano Allegri para Milan Channel, cadena de televisión oficial rossoneri.

Viernes 25 de junio de 2010

SISTEMAS DE JUEGO

> "No tienes que fijarte en los sistemas de juego, sino explotar las características de los jugadores, sabiendo que no puede ser igual".
>
> *Jueves 17 de octubre de 2019, en una entrevista para el Corriere Dello Sport*

Estas palabras fueron las que utilizó Massimiliano Allegri para hablar sobre la importancia del perfil de jugador que tienes en la plantilla y sobre la elección de un sistema de juego en función de sus características, para que estas puedan llevarse a su máximo nivel.

Allegri es un entrenador capaz de cambiar de sistema de juego en función del perfil de sus jugadores, de las características del rival y de lo que demanda el partido en ese preciso momento. Eso es lo que hizo en Milan durante sus cuatro temporadas en el club rossonero.

En las dos primeras temporadas del técnico italiano en el club, el sistema apenas se modificó, siendo reconocible un 1-4-3-1-2 con el que conseguiría ganar el título durante la primera temporada y pelearlo en la segunda.

Durante la primera, la 2010-2011, el equipo titular era el siguiente: Abbiati en la portería; línea defensiva con Abate lateral derecho y Antonini en el sector izquierdo, y como centrales Thiago Silva y Nesta; el mediocentro era Flamini, con Gattuso y Seedorf como interiores; de enlace Robinho, y arriba Ibrahimovic y Pato como delanteros centro.

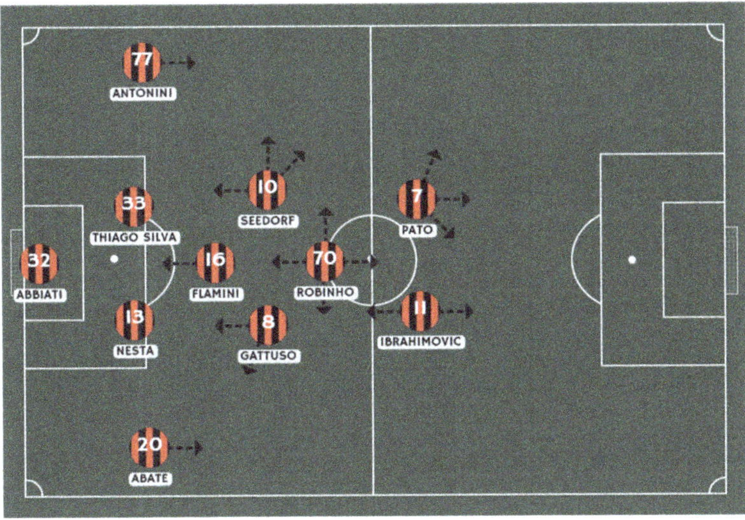

Además, también fueron jugadores importantes Bonera, dando descanso a los centrales; Zambrotta entrando en ambos laterales; Van Bommel, Ambrosini y Pirlo en posiciones de mediocentro e interiores; y Boateng apareciendo en posiciones adelantadas por Pato y Robinho.

En la segunda temporada, 2011-2012, el 11 titular sufre alguna que otra variación.

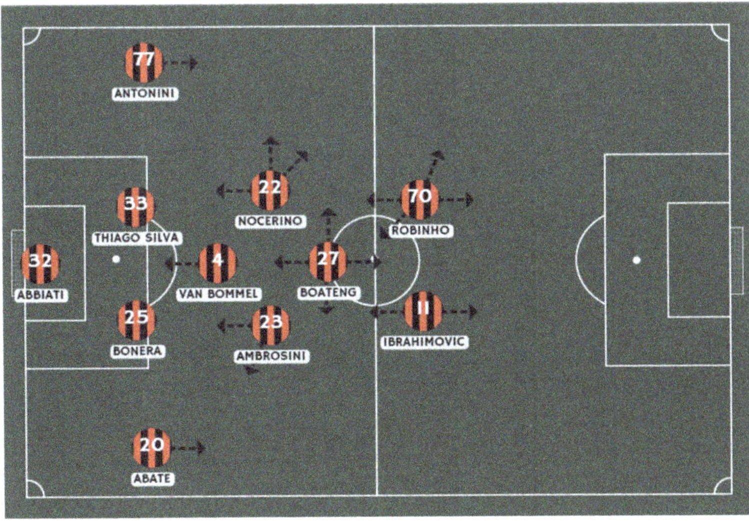

Abbiati como portero; en la línea de cuatro se mantienen el lateral Abate y Thiago Silva, esta vez como jefe en el eje central de la defensa; Bonera disputa más partidos que Nesta como central y Emanuelson le arrebata el puesto a Antonini, que disputa menos partidos que el holandés en el sector izquierdo; Van Bommel, Ambrosini y Nocerino ocuparon las tres posiciones del mediocampo; y arriba caería Pato del 11, entrando Boateng como enlace junto a Robinho e Ibrahimovic.

Mexes empezaría a contar con minutos como defensa central; Seedorf y Aquilani también se repartieron minutos, y El Shaarawy, entrando como suplente el mayor número de veces, empezaba a asombrar al aficionado con su calidad.

Temporada 2012-2013. Temporada llena de cambios. Bajas importantes en el 11, como la de Nesta, participando menos ya la anterior, o las ventas de Thiago Silva e Ibrahimovic al PSG francés. El equipo sufre una importante reestructuración y eso se nota en su juego. El técnico italiano cambia de sistema y utiliza un 1-4-3-3 en fase ofensiva y 1-4-1-4-1 en fase defensiva; también introduce en partidos la línea de cinco, con un 1-5-2-3.

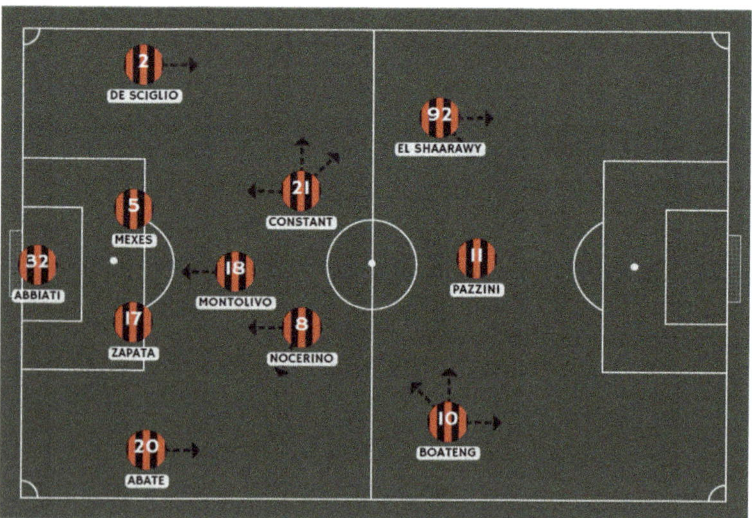

La portería seguiría siendo para Abbiati; Abate y De Sciglio pasarían a ser la pareja de laterales; Zapata y Mexes la pareja titular como defensores centrales; Montolivo pasa a ser un pilar fundamental en el equipo como mediocentro; y le acompañaban, como interiores,

Nocerino y Constant; arriba El Shaarawy por izquierda, y Boateng y Pazzini compartiendo banda derecha y zona central.

Un joven Balotelli empezó a brillar ya en esa temporada; Robinho perdió un poco de protagonismo en el equipo; Niang y el español Bojan disputarían minutos en diferentes posiciones de arriba, y Yepes entrando como sustituto de los centrales, empezaron a tener minutos en el equipo; Flamini y Ambrosini fueron jugadores de rotación.

Última temporada de Massimiliano Allegri en el club, 2013-2014. Temporada que no llega a su fin; ya que, al llegar a mitad de la competición, fue destituido. No dio con la tecla, varió de sistema aunque participaron menos jugadores de los habituales en el tiempo que estuvo trabajando ese año. Utilizando el 1-4-3-3 y su variante defensiva 1-4-1-4-1, pasando por el clásico 1-4-4-2, o incluso volviendo al sistema que tantas alegrías le dieron al principio en el club rossoneri, el famoso 1-4-1-3-2.

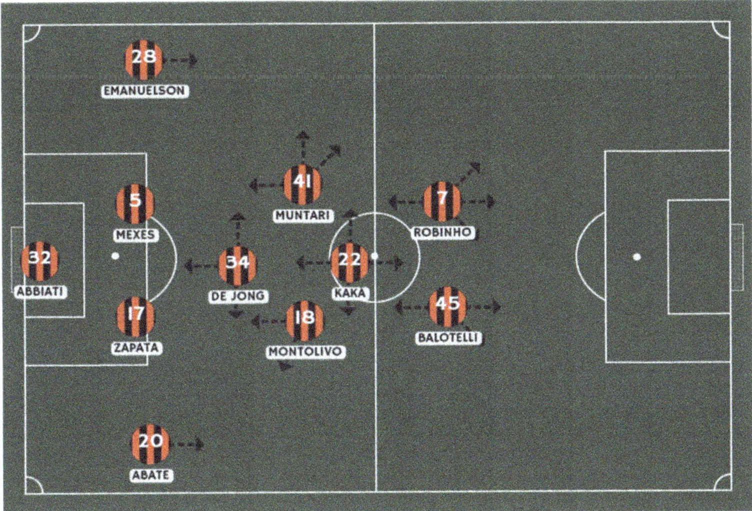

Abbiati defendiendo la portería; Abate y Emanuelson trabajando en ambos laterales, con la rotación de De Sciglio; Zapata y Mexes repetirían titularidad con el técnico italiano, con la entrada de Bonera por ambos; De Jong como mediocentro, junto a Montolivo y Muntari en el centro del campo, con Constant y Poli como jugadores de rotación habituales; Kaká como enlace o jugando en el sector izquierda, y arriba Balotelli y Robinho.

ATAQUE ORGANIZADO

Fase de inicio

En el Milan era predominante ver como sus equipos utilizaban más el juego directo en fase de inicio que la salida de balón de atrás por otras vías. Tanto los saques de portería como la salida por parte de los centrales, acostumbraban a tener como objetivo el envío en largo a campo rival para que el delantero centro ganase duelos aéreos y los compañeros de la zona de acción ganasen las segundas acciones o caídas, y pisar cuanto antes el campo rival.

Durante las dos primeras temporadas, y con Zlatan Ibrahimovic como protagonista, las acciones de juego directo le daban buenos resultados.

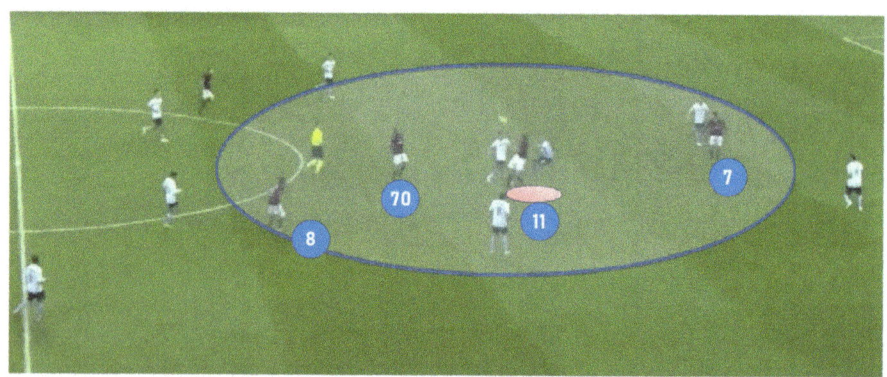

Zlatan Ibrahimovic (11), como delantero centro y referencia, siempre en la disputa con 2 o 3 jugadores en zona activa. Los cercanos se reparten la zona, algunos atentos a la peinada del delantero centro y otros recogiendo una posible caída. En la imagen anterior, el medio Gennaro Gattuso (8) junto a los atacantes Robinho (70) y Alexandre Pato (7); mientras que en la imagen siguiente, el centrocampista Clarence Seedorf (10), como enlace Robinho (70), y como volante en un costado, Massimo Ambrosini (23), para ganar la segunda jugada.

En la tercera y cuarta temporada, no son acciones tan eficientes como con Ibrahimovic (11), ya que se sigue buscando ese recurso muchas veces con otros delanteros centro (Giampaolo Pazzini, Alessandro Matri, Mario Balotelli o Kevin-Prince Boateng) y no logran tener el éxito de temporadas anteriores. Como alternativa, los balones largos para estos jugadores serán sobre todo al espacio para aprovechar los metros que deja la línea defensiva rival a su espalda.

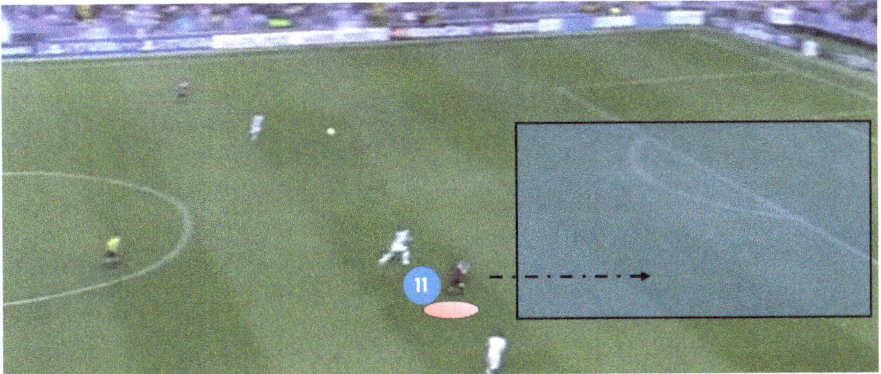

Como se aprecia en ambas imágenes, el delantero centro Pazzini (11) primero y el extremo El Shaarawy (92) después, atacan espacios entre línea defensiva y portero.

Pero, aun siendo un equipo que tiene el juego directo como parte importante de su modelo de juego, existían otras vías por las cuales el equipo lograba llegar a la zona de creación/finalización a través de la posesión del balón.

Una de ellas, sería la salida de balón por carriles exteriores. Los laterales son jugadores muy específicos en el modelo de juego del entrenador italiano y tienen mucha influencia en el juego del equipo. Como observaremos más adelante, son jugadores con mucho recorrido y que llegan a zonas de extremos continuamente.

En las siguientes imágenes, el lateral se sitúa en amplitud máxima, recibe el balón prácticamente siempre en ventaja y es este, en función de la presión rival, el que decide:

- Conducir porque está libre para llegar sin dificultades a la zona de creación.

- Enviar el balón a la banda a la zona de creación/finalización para la caída del enlace o el delantero centro; o al espacio entre la línea defensiva y el portero, aprovechando el desmarque de ruptura de estos, si el rival le está acosando para intentar robarle el balón o provocar una pérdida en campo propio.

Alessandro Nesta (13), en ambas instantáneas, jugando sobre el carril exterior izquierdo para progresar por fuera con los laterales. Marek Jankulovski (18) en la primera y en la segunda con Luca Antonini (77).

Con la primera variante explicada, el equipo evita pérdidas en la zona de inicio en el carril central, ya que una pérdida en esa zona puede acabar en un mano a mano del delantero centro contra el portero o en una acción clara de gol para el rival. En cambio, una pérdida en el carril exterior puede permitir al central de la zona activa corregir el error del compañero y así, a partir de una cobertura cercana, impedir que acabe en ocasión de gol.

Aun así, la segunda variante se da a partir de la salida de balón de los centrales. Estos intentarán:

- Llevar el balón al mediocentro creador o interior para que cambien la orientación del juego a partir de un apoyo de continuidad.
- Conectar con el mediocentro creador o interior a partir de un apoyo de progresión para que hagan llegar el balón alos jugadores más alejados.
- Encontrar a los anteriormente mencionados tras oscurecer a su marca o adversario. El término oscurecer a su marca/rival lo conocemos como posicionarse o desmarcarse fuera del campo de visión del contrario; facilitando, de esta manera, la intervención en la jugada. El interior se mueve para recibir a la espalda del oponente como hombre libre en una situación ventajosa.
- Realizar pases con jugadores más alejados (la importancia de mirar lejos y luego ver cerca), superando una o más líneas de presión rival.

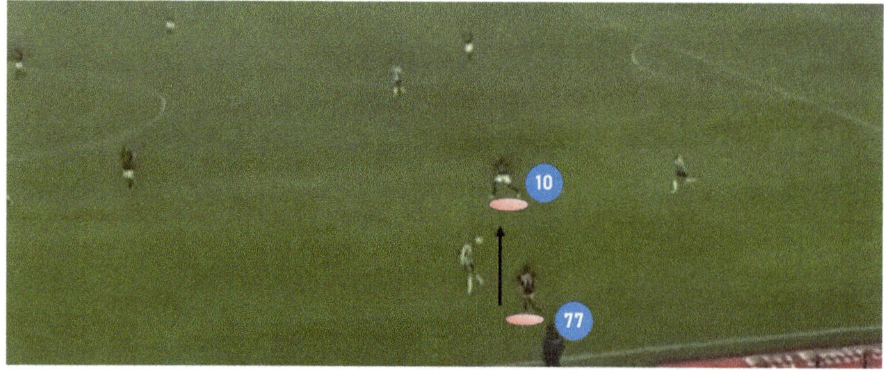

Apoyo de continuidad del mediocentro, Clarence Seedorf (10), para cambiar la orientación del juego tras el pase de Luca Antonini (77).

Apoyo de progresión del volante Riccardo Montolivo (18), quién con pocos contactos, hará de enlace entre el central, Daniele Bonera (25), y los jugadores más alejados.

Thiago Silva (33), central indiscutible en las dos primeras temporadas, mira lejos y, filtrando con un pase tenso, supera dos líneas de presión adversaria, haciendo llegar el balón a Kevin-Prince Boateng (27), actuando como enlace, que recibe a la espalda de los interiores contrarios.

Los centrales que realizan este tipo de salida desde atrás serán, sobre todo, Alessandro Nesta y Thiago Silva, ya que son los que mejor salida de balón tiene debido a su elevado nivel técnico.

Siguiendo con las variantes en la zona de inicio, durante la segunda temporada de Massimiliano Allegri en el club, la 2011-2012, utilizará un nuevo recurso para progresar en el juego superando la primera línea de presión oponente: la salida lavolpiana.

La salida lavolpiana, también referenciada como salida lavolpista o salida de tres, es un concepto que se refiere al inicio de la fase ofensiva de un equipo, en la primera línea de jugadores, situándose los centrales en amplitud máxima y formando línea de tres con el mediocentro colocándose entre los centrales. Para que esto suceda, los laterales subirán su altura, situándose en la misma que los interiores.

El concepto recibe el nombre del entrenador argentino Ricardo La Volpe, quien ha desarrollado gran parte de su trayectoria como entrenador y seleccionador mexicano. Su salida lavolpiana ha tenido mucha influencia en otros entrenadores, como Pep Guardiola o Thomas Tuchel.

Como muestran las imágenes, el mediocentro Mark Van Bommel (4) baja su altura para colocarse entre los centrales y superar la primera presión rival realizada con sus dos delanteros centro.

Tras superar el 3 contra 2 contrario en la zona de inicio, el balón suelen llevarlo a los carriles exteriores para progresar en el juego. En la imagen vemos al mediocentro Nigel De Jong (34) entre los centrales, y los laterales largos a la misma altura que los interiores.

Para acabar esta fase del juego del equipo italiano, observaremos la importancia de los reinicios al juego. Nos referimos a reinicios al juego justo en la acción siguiente que realiza el portero una vez toma el balón. Si el portero reinicia de forma rápida, se estará intentando realizar un contraataque; en cambio, si el reinicio es lento, puede ser porque el portero permite al equipo organizarse en el campo para jugar en corto o busca arañar varios segundos, ya que el resultado para su equipo es positivo.

El equipo italiano intenta realizar, frecuentemente, la primera idea. Como veremos a continuación, esta se inicia buscando a jugadores que están libres de marca y buscan los espacios donde puedan recibir y ser verticales en ataque. A partir de aquí pueden darse diferentes situaciones:

- Poder realizar el contraataque, ya que acumulan jugadores en ataque y el equipo rival está desorganizado y/o en inferioridad numérica; esto les ayuda a acabar generando una ocasión de gol.
- El equipo contrario realiza un repliegue intensivo, consiguiendo que un número elevado de jugadores recuperen sus posiciones y puedan reorganizarse. Si esto sucede y no podemos realizar el contraataque, el jugador en posesión de balón frena el ataque y busca un pase que les permita realizar un ataque posicional.

Fase de creación

Como hemos visto en la fase de inicio, aun siendo un equipo que tiene su modelo el juego directo como una de las bases principales, son muchas las variantes añadidas a este para superar zonas y llegar a portería adversaria.

Durante esta fase del juego, son varios los jugadores a destacar. Iniciaremos por los centrales. Estos suelen llegar con balón controlado a la zona de creación debido a una presión pasiva inicial por parte del equipo oponente. Por presión pasiva, entenderemos una presión que no es de una gran exigencia para el equipo poseedor de balón, y es realizada por el equipo defensor mientras efectúan un repliegue para situarse en bloque bajo. Cuando esto sucede, los centrales del Milan llegan a la zona de creación, donde muchas veces la primera consigna es encontrar a jugadores alejados (delanteros centro) y pasan, prácticamente, de zona de inicio a zona de finalización con una conducción y un pase filtrado entre líneas.

El defensa central Alessandro Nesta (13) filtrando un pase para el delantero centro Ibrahimovic (11), aprovechando el espacio creado entre mediocentros rivales.

Siguiendo con la idea anterior, en la cual el juego apenas pasa por la zona de creación, una vez se consigue llegar a ella con balón controlado,

se da un nuevo comportamiento ofensivo que es el desplazamiento en largo sobre jugadores adelantados.

Este pase lo dan jugadores con muy buen pie y con un alto nivel de precisión en sus envíos largos, como pueden ser el holandés Clarence Seedorf, o los italianos Andrea Pirlo y Riccardo Montolivo, o alguno de los centrales titulares.

Los envíos pueden ser para un jugador adelantado que ataca los espacios con un desmarque de ruptura, para uno de los delanteros centro que hayan caído a la banda dando amplitud y reciban con espacio y tiempo para encarar, o para un delantero centro que esté de espaldas a la portería con un central acosándole y este controle y descargue el juego para jugadores que van de cara.

En la imagen superior, vemos un envío del central Mario Yepes (76) para el extremo derecho El Shaarawy (92), quien realiza un desmarque de ruptura para aprovechar el espacio creado a espaldas de la línea defensiva.

En la imagen siguiente, el interior izquierdo Clarence Seedorf (10) busca en largo al delantero centro Zlatan Ibrahimovic (11).

No obstante, no siempre se busca rápidamente la última zona del campo en el conjunto italiano. El equipo siempre tuvo jugadores de perfiles diferentes jugando en zonas interiores, unos de más contención o que daban un equilibrio defensivo al equipo, como Gennaro Gattuso, Nigel De Jong o Massimo Ambrosini; y otros, de carácter más ofensivo y más preparados para repartir el juego y llevar el peso del equipo en ataque.

Durante la primera temporada la calidad que tiene Andrea Pirlo no pasó desapercibida y fue el actor principal en esta fase del juego más creativa.

Clarence Seedorf, quien estuvo dos temporadas a las órdenes del técnico italiano, también es una parte importante del equipo en la zona central, aunque alterna la banda izquierda con la posición de mediocentro-interior en función del sistema.

Riccardo Montolivo, sería quien recogería el testigo de los anteriores, comparado con Andrea Pirlo por algunos de sus movimientos y acciones.

Y, por último, y no menos destacable, Kaká. El jugador, Balón de Oro el año 2007 con el club Rossonero, que durante la cuarta y última temporada de Massimiliano Allegri volvería del Real Madrid, club al cual había sido vendido en la temporada 2009-2010. Este participaría más en ¾ o posiciones adelantadas de zona de creación; o incluso como Seedorf, actuando en la banda izquierda según el sistema utilizado.

El Milan de Allegri continuamente busca el juego exterior, llevando el juego de un costado al otro e intentando generar peligro por los carriles exteriores. Muchas son las veces que el mediocentro o el interior de la zona activa realiza cambios de orientación para atacar zonas contrarias. Los desplazamientos de un lado a otro los realizan los mismos jugadores que efectuaban el desplazamiento en largo sobre jugadores más adelantados, ya que son los que están mejor dotados técnicamente.

El cambio de orientación permite al equipo desarrollar alternancias en el juego, realizar un juego corto-medio-largo, aprovechar la amplitud del campo, y conseguir llevar el juego de un carril lateral a otro. En definitiva, el objetivo es no ser previsible y sorprender al adversario debido a las múltiples opciones con las que cuenta el equipo.

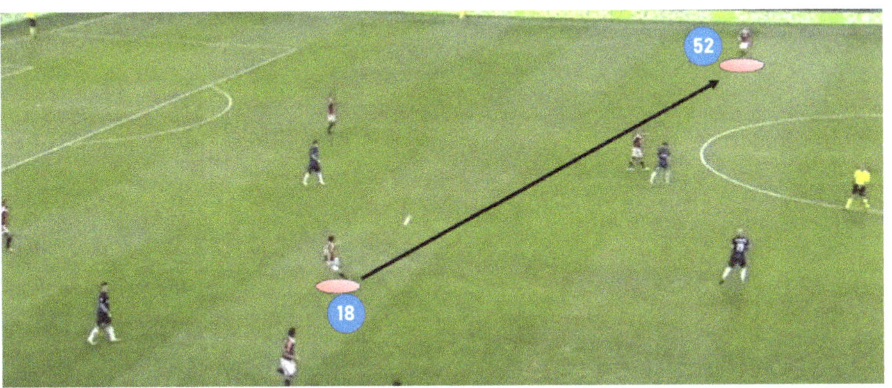

Una vez el equipo consigue llevar el balón al carril exterior, ya sea porque juegan con tus laterales de perfil más ofensivo o porque consigan conectar con jugadores diferenciales, como Seedorf o Kaká, allí se dan diferentes situaciones:

- Triangulaciones en banda entre lateral-interior-delantero.
- Juntar para girar: se realiza una secuencia de pases en un carril exterior para juntar y así, si el contrario nos impide progresar debido a la acumulación de jugadores, giraremos el balón al lado pasivo, donde estará nuestro compañero identificado como hombre libre y el rival tendrá menos acumulación de jugadores.

En la imagen anterior, generando superioridad numérica en banda (3 contra 2) para progresar en el juego. En la imagen siguiente, el volante Riccardo Montolivo (18) llevando el juego hacia el otro lado tras una secuencia de pases.

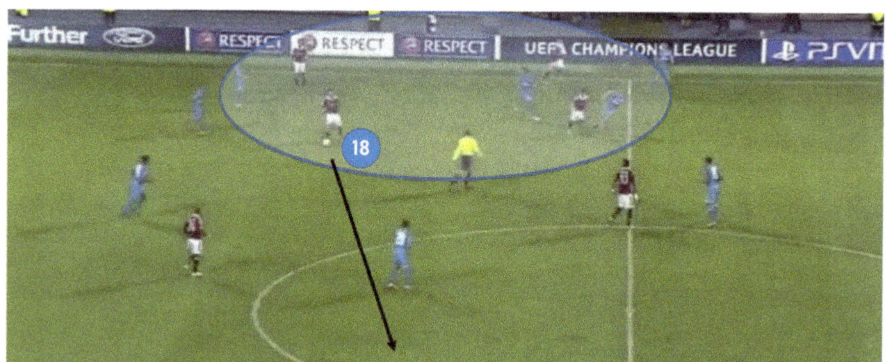

Para finalizar la fase de creación, hay que destacar a Zlatan Ibrahimovic de nuevo. El sueco aparece mucho entre líneas para poder ejercer como tercer hombre.

El tercer hombre es un hombre libre. Es un concepto que sirve para encontrar un hombre libre bien orientado y en progresión para superar líneas de presión rival. Se da cuando un pase cerca está imposibilitado por el oponente y para conectar con el compañero que pretendemos (tercer hombre) es necesario que el poseedor (primer hombre) juegue con otro compañero (segundo hombre) para llevar el balón al jugador que nos impide el contrario tapando la línea de pase.

Ibrahimovic, entre otras tantas cosas, cuando aparece en la zona de creación es capaz de bajar altura y ayudar en la elaboración del juego, descargar y jugar de cara con sus compañeros, o proteger el balón y permitir al equipo avanzar.

En la imagen, el central Nesta (13) conduce hasta encontrar al delantero centro Ibrahimovic (11), que hace de segundo hombre y posibilita el tercer hombre con el interior derecho Andrea Pirlo (21), y el volante será el encargado de girar el juego rossoneri.

Fase de finalización

Son varios los comportamientos que se dan en la fase de finalización durante la etapa del técnico italiano. Debido al 1-4-3-1-2, sistema más utilizado por Massimiliano Allegri durante su estancia en el club, con dos delanteros centro y un enlace, al no contar con extremos que dieran amplitud al juego ofensivo, los ataques del equipo se centralizaban a menudo. La acumulación de jugadores en la zona central hacía posible que la conexión entre los tres jugadores más adelantados generara ocasiones de por sí y conectasen entre ellos con frecuencia.

Las opciones que se dan para generar ocasiones atacando la zona central son las siguientes:

- Secuencia de pases o paredes entre delanteros centro.
- Juego directo sobre delantero centro como referencia para acabar la jugada o conectar con compañero para que finalice la jugada.
- Tocar y correr para recibir al espacio en carrera.
- Atacando intervalos entre centrales o central-lateral para recibir por detrás de la línea defensiva.

Acumulación de jugadores en carril central para rematar un centro colgado por el compañero. Hasta cuatro compañeros en disposición de remate.

El delantero centro Ibrahimovic (11) con balón, observando las diferentes opciones existentes con los movimientos de sus compañeros en el carril central.

Los extremos llegan más adelante, durante la temporada 2012-13, con la aparición de Emanuelson por los dos costados a pierna natural y a pierna cambiada, como haría también Stephan El Shaarawy. Mientras tanto, y sin la figura de jugadores que dieran amplitud en el frente de ataque, los espacios eran ocupados por los delanteros centro o el enlace, quienes haciendo movimientos de dentro hacia fuera los ocupaban para dar alternativas al poseedor de balón. Estos son:

- Para correr y dar el siguiente pase o finalizar la acción.
- Primero separándose de rival, para poder realizar 1 contra 1 con su par tras haber recibido solo como hombre libre.

- Atacando la espalda del lateral de la zona activa.

El delantero centro, Zlatan Ibrahimovic (11), atacando la espalda del lateral para recibir en carrera y poder finalizar o pasar a su compañero desmarcado.

Robinho (7), como delantero centro, separándose de su par en la banda para realizar un 1 contra 1.

Otro de los comportamientos habituales en este Milan eran los centros al área, sobre todo en zona de extremos por parte de los laterales, que ocupaban constantemente estos espacios, llegando desde atrás, para poner balones a los jugadores referencia del equipo. Desde zonas más interiores o retrasadas, los interiores también podían aparecer para poner un centro y sorprender a línea defensiva rival.

Ya con extremos en la temporada citada anteriormente, estos también realizaban las mencionadas acciones ofensivas, tanto a pierna natural como a pierna cambiada con Emanuelson por banda derecha.

Ignazio Abate (20), lateral derecho del Milan, llegando desde atrás luego de realizar un desdoblamiento por banda para centrar desde la zona de los extremos.

Alberto Aquilani (18), interior milanés, centrando desde una posición más retrasada.

Los desmarques de ruptura son otro concepto que podemos ver. El objetivo de este tipo de desmarque es dar profundidad y progresión al juego; por lo tanto, debe suponer un acercamiento a la portería contraria (y no hacia el poseedor del balón).

Lo realizan ante adversarios con la línea defensiva adelantada o aprovechando, y ocupando, los espacios libres generados entre la línea defensiva y el portero.

Estos desmarques son efectuados por los jugadores más adelantados o también, como factor sorpresa, los interiores llegando desde la segunda línea.

Ibrahimovic (11), delantero centro, atacando espacios ante la línea defensiva contraria adelantada.

Entrada de interior desde la segunda línea como factor sorpresa de Kevin-Prince Boateng (27) tras el pase del interior izquierdo, Andrea Pirlo (21).

Como vimos en la fase de inicio, son muchos los equipos que daban la iniciativa del juego al Milan. Estos equipos acumulan muchos jugadores por detrás del balón y defienden en bloque bajo, permitiendo al equipo oponente tener el balón, pero no disponer de muchos espacios entre la línea defensiva y el portero. Uno de los recursos utilizados para poder finalizar jugadas en gol es el disparo lejano, ya que son muchos los jugadores capaces de marcar desde larga distancia.

El mediocentro Riccardo Montolivo (18) finalizando la acción con un disparo lejano.

DEFENSA ORGANIZADA

Dónde realiza la presión y conceptos defensivos a destacar

Durante las temporadas que Massimiliano Allegri está en Milan, son diferentes las zonas de presión que realizan cada uno de sus equipos. Es más, en cada partido utiliza varias, unas más que otras en función del perfil de sus jugadores, a partir del análisis del rival o del resultado. Según estos indicadores, sus equipos destacarán por una zona de pressing más o menos adelantada durante el mismo partido.

Empezaremos hablando sobre el pressing avanzado o la presión alta, la cual realizan sus equipos en el último tercio del campo.

El equipo realiza una presión alta con el bloque alto o avanzado cuando:

- El equipo rival tiene posesión del balón y no puede progresar y, priorizando la posesión del balón, dan un pase atrás, llegando este al portero.
- Saque de la portería rival, ya sea saque de meta o reinicio del portero.

Cuando el rival da un pase atrás para volver a iniciar el ataque desde la zona de inicio, el Milan gana metros como bloque y sitúa la línea defensiva a la altura del mediocampo, perfilados ante un posible envío en largo y una disputa aérea. Uno de los jugadores más adelantados (delantero centro, en mayor medida) será el que oriente al portero y no gire el juego, mientras que el resto de los compañeros estarán fijando a su par en la zona de donde vendrá precedido el pase. Si el portero lograse girar el balón, desactivaría por completo la presión y el equipo debería reorganizarse en defensa y, juntando líneas, realizar un repliegue intensivo.

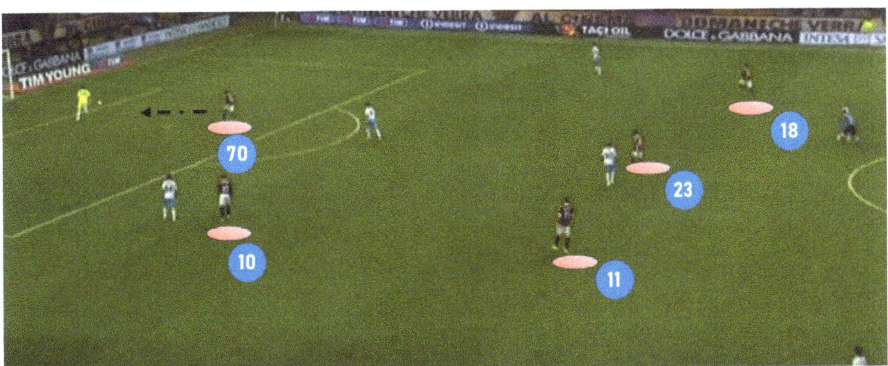

Si la presión alta la realizan con el reinicio de la jugada o tras un saque de puerta, esta presión puede darse de diferentes maneras:

- Posicionamiento en intermedias: en este posicionamiento, inicialmente, el jugador defensor debe estar entre dos adversarios, pudiendo llegar a cualquiera de los dos cuando se

inicie la jugada. El contrario no tiene una referencia directa de quien lo va a defender; es más, siempre lo pueden presionar uno o más jugadores.

Según Pep Guardiola: "El momento defensivo, desde mi punto de vista, es estar entre los jugadores. No declarar nunca que yo estoy con él, nunca. Siempre hay que estar entre las posiciones. Lo bueno es sentir que este jugador llega al central y al lateral. Esto es lo cojonudo, lo cojonudo de este jugador es que puede llegar aquí, y si lo decide puede llegar allí. Y que este puede apretar aquí y puede llegar allí. Que el jugador que está atacando del equipo contrario no sepa donde tiene a su defensor. Que de repente piensa que no tiene defensor y de repente sí que tiene porque este o aquel llegan a su posición".

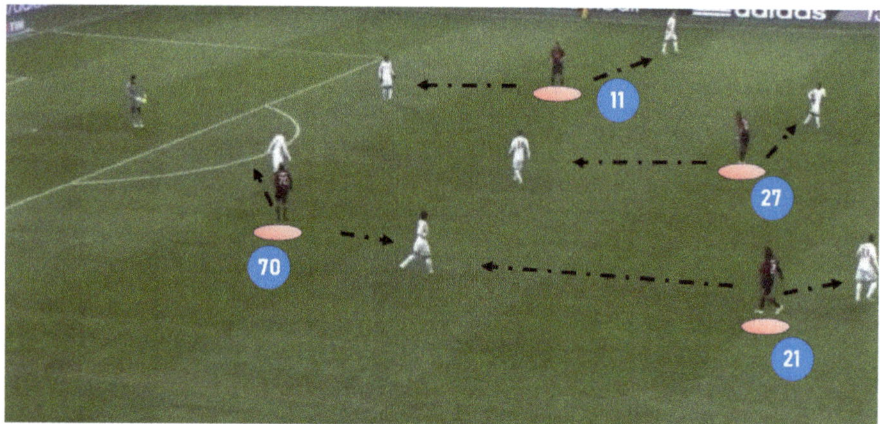

- Posicionamiento con pares e intermedias: jugadores más adelantados (delanteros centro y enlace o delantero centro y extremos) con sus pares y segunda línea (medios) y línea defensiva en posiciones intermedias.

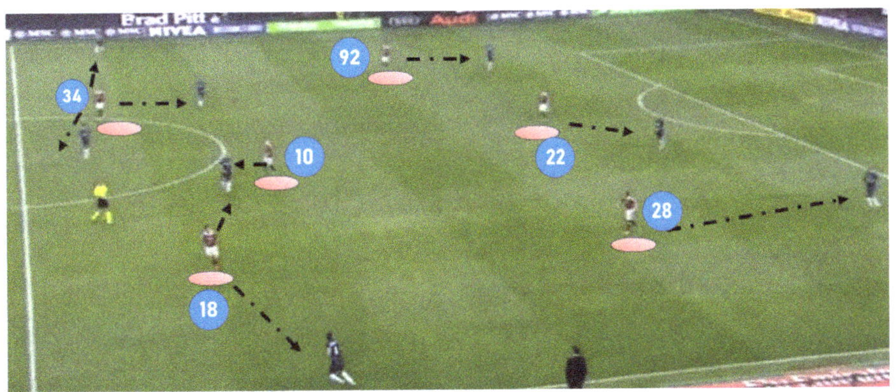

El porqué de esta presión es el porcentaje de duelos aéreos ganados por sus jugadores de mediocampo y línea defensiva. Por el perfil de jugadores que entrena Massimiliano Allegri, estos dominan este tipo de acción y les permite ganar muchos de los duelos y, posteriormente, la segunda jugada o caída del envío largo. Al ganar la segunda jugada, el equipo ya se ubica en campo rival y, en función de sus jugadores y de los rivales, realizar un ataque posicional o una transición ofensiva rápida.

Como hemos visto, hay diversas situaciones donde el equipo muestra un posicionamiento avanzado. Pero este no es la principal zona de presión del equipo italiano. El equipo se distribuye durante un mayor porcentaje de minutos en un pressing intermedio o pressing replegado, en función, como dijimos anteriormente, de sus jugadores, rival o resultado en ese momento de partido.

En el pressing intermedio, el equipo se distribuye en pocos metros con las líneas muy juntas y acumulando muchos jugadores en la zona central.

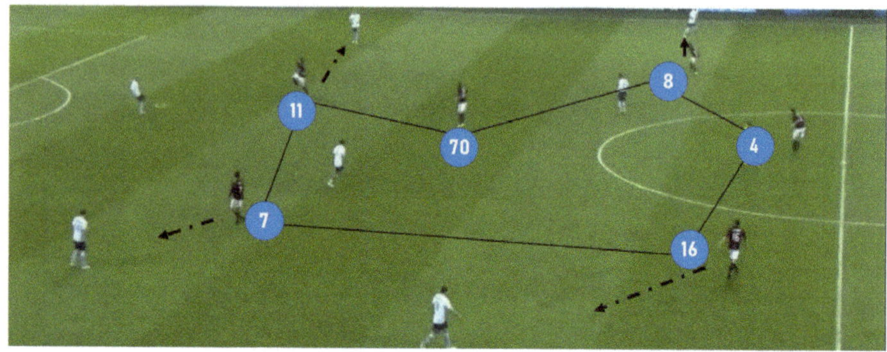

El objetivo es orientar al rival para que lleve el juego a la banda, zona en la que intentarán:

- Evitar la progresión contraria a partir del acoso del jugador de zona.
- Robar y recuperar el balón para contraatacar.

El momento de acoso en pressing intermedio o en bloque medio la realizarán jugadores que acostumbran a pisar los carriles laterales. Si el balón lo recibe el lateral, la presión la realizarán el interior (si juegan con el 1-4-3-1-2) o el extremo de ese costado (si el sistema empleado es el 1-4-3-3).

Gennaro Gattuso (8), interior derecho, ayuda al lateral diestro Daniele Bonera (25), evitando un 2 contra 1 defensivo y formando, de esta manera, un 2 contra 2.

Con un sistema 1-4-3-1-2, el interior de zona activa salta al poseedor para evitar una progresión, con la ayuda del lateral saltando a su par.

Con el 1-4-3-3, como vemos en la imagen anterior, Giampaolo Pazzini (11) como delantero centro orienta al central rival para que juegue con el lateral derecho y sea El Shaarawy (92), extremo izquierdo, el que salte a presionar.

En cambio, una vez que hacen llegar el balón al extremo rival pisando la zona de creación, es el lateral de la zona activa el que acelera y realiza un acoso a su par, mientras que el resto de la línea defensiva bascula hacia ese lado.

En la imagen anterior, Clarence Seedorf (10) en la ayuda defensiva en su carril, junto al lateral de zona, Antonini (77).

La línea de medios sea cual sea la formación, también basculan hacia la zona activa, dejando libre carril contrario. En la siguiente instantánea podemos ver como el juego del rival está en el carril derecho, y el equipo bascula y acumula jugadores por su sector izquierdo.

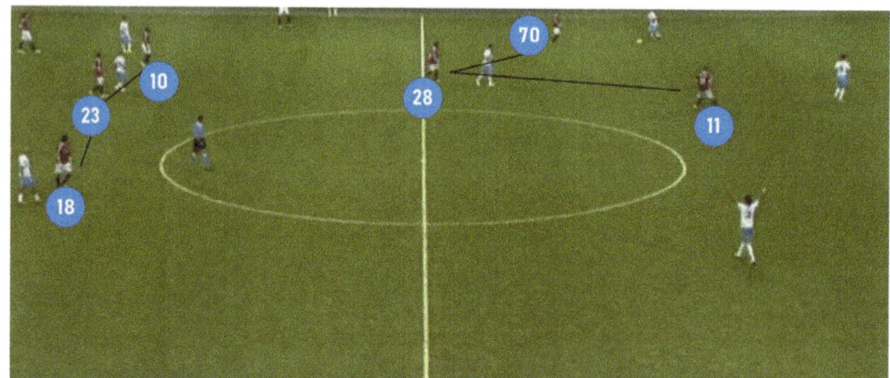

Para acabar la fase de defensa organizada, explicar el pressing replegado o el bloque bajo que en muchos momentos del partido pone en marcha el equipo italiano. Dentro de esta manera de presionar cabe diferenciar el Milan de las dos primeras temporadas –con Nesta y Thiago Silva al mando de la defensa- al de las dos siguientes.

En las primeras dos temporadas el equipo se sentía cómodo defendiendo en bloque bajo, acumulando prácticamente siempre 7 jugadores por detrás de balón, con una estructura de 4-3 formada por la línea defensiva junto al mediocentro y los dos interiores. El enlace, si era Robinho, acostumbraba a descolgarse más con los delanteros centro, como veremos en la fase de transición defensa-ataque. Kevin-Prince Boateng, en la posición de 10, cumple más a nivel defensivo y trabaja con el mediocentro o interior de la zona de balón para evitar que este juegue con facilidad.

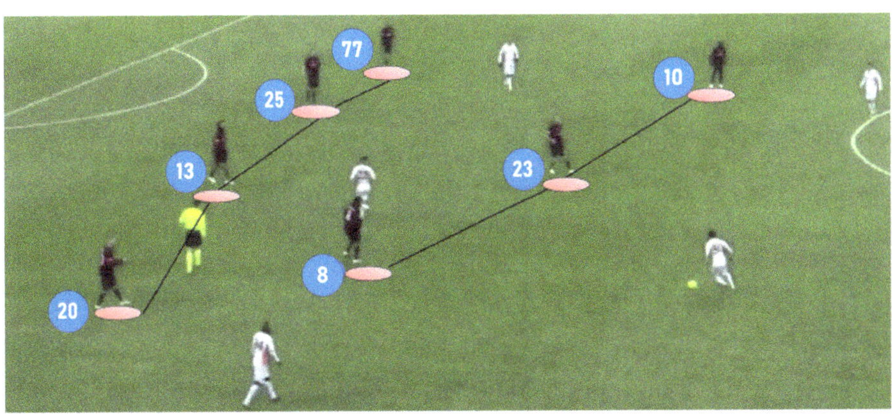

El papel que ejercen los interiores en estas situaciones era de gran importancia. Son fundamentales jugadores de trabajo y sacrificio, como Gennaro Gattuso, Massimo Ambrosini o Antonio Nocerino. Si el balón se encuentra en el carril central o los carriles interiores, estos cierran pasillos interiores y disuaden al rival para que juegue por las bandas (la imagen anterior muestra este comportamiento). Si el balón llega a la banda, los interiores basculan juntos hacia el lado del balón, cargando la zona activa de jugadores en fase defensiva. Vemos como Kevin-Prince Boateng (27), interior en ese partido, bascula y se junta con Andrea Pirlo (21) y Gennaro Gattuso (8), tapando pases hacia zonas interiores.

El interior de dicha zona saltará a lateral rival para ayudar a su compañero y manifestar un 2 contra 2 en banda entre el lateral-interior del Milan con su lateral-extremo. Si lateral rival no se suma al ataque y

este pasa solamente por el extremo, el interior también irá en la ayuda y realizará un 2 contra 1 defensivo con el lateral.

El 2 contra 1 defensivo es gracias a la ayuda defensiva del interior de la zona, Gattuso (8) a su compañero Abate (20).

En caso de haber un centro al área por parte del equipo rival, el equipo de Massimiliano Allegri tenía confianza y dominaba la defensa del área. Los marcadores centrales, Thiago Silva y, sobre todo, Alessandro Nesta, daban tranquilidad al equipo ante cualquier llegada por fuera del contrario. En este tipo de situaciones, el equipo tendrá en cuenta las consignas siguientes:

- Triángulo defensivo (defensa entre rival y portería, siempre viendo a su marca y balón, sin perder su referencia).
- Identificar al adversario a marcar.
- Dentro del área, marcaje individual.
- Siempre contacto físico.

- Rechaces hacia arriba y bandas.
- Desalojar rápido el área.

Thiago Silva (33) y Alessandro Nesta (13) fueron una pareja de centrales que dominaban las acciones defensivas y mandaban en el área.

El equipo durante esos años realiza números muy buenos a nivel defensivo, los cuales le permiten ser uno de los equipos menos goleados en la Serie A italiana. Como vemos a continuación, en la temporada 2010-11 que se proclama campeón, encaja solamente 24 goles en 38 jornadas de liga. Mientras que en la 2011-12, que le permite ser subcampeón, encajó 33 goles en 38 partidos.

	Equipo	Puntos	PJ	PG	PE	PP	GF	GC	TA	TR
1	Milan	**82**	38	24	10	4	65	24	66	5
2	Inter	**76**	38	23	7	8	69	42	56	3
3	Napoli	**70**	38	21	7	10	59	39	97	5
4	Udinese	**66**	38	20	6	12	65	43	74	6

			Puntos	PJ	PG	PE	PP	GF	GC	TA	TR
1		Juventus	**84**	38	23	15	0	68	20	70	4
2		Milan	**80**	38	24	8	6	74	33	77	3
3		Udinese	**64**	38	18	10	10	52	35	85	4
4		Lazio	**62**	38	18	8	12	56	47	78	9

Imágenes de BDFutbol

Durante las temporadas venideras, 2012-13 y 2013-14, el equipo sufre más a nivel defensivo y se vuelve más vulnerable. Las bajas en defensa se notan y el equipo está en plena reconstrucción. Son más los momentos que el equipo se dispone a defender en bloque bajo, buscando de esta manera no encajar un gol como objetivo prioritario.

Allegri decide, entonces, acumular más jugadores por detrás del balón y son varias las estructuras defensivas que se plantean con el paso del tiempo (1-4-1-4-1, 1-4-4-2 o 1-5-2-3), intentando encontrar un equilibrio defensivo que le permitiera al equipo competir con mayor seguridad defensiva.

El equipo seguirá acumulando gente por dentro y tapando pasillos interiores para iniciar la presión una vez que llegue el balón a la banda y así, desde ahí, intentar recuperar el balón. Al jugar con extremos, fuera el sistema que fuera, las ayudas al lateral ya no eran del interior de la zona activa sino del extremo, ayudando a manifestar un 2 contra 1 o un 2 contra 2 defensivo.

TRANSICIÓN DEFENSA-ATAQUE

"Los dos momentos más importantes del juego son el momento en que se pierde la pelota y el momento en que se gana". Esta frase es de José Mourinho y visto el juego del equipo italiano, seguramente Massimiliano Allegri esté de acuerdo con esta afirmación.

El momento en que se gana el balón, también denominado transición defensa-ataque, tiene mucha relación con la fase ofensiva que realiza el equipo. El sentimiento de verticalidad sigue presente en este y el objetivo primordial, una vez recuperan el balón de nuevo, sigue siendo el de buscar la portería contraria cuanto antes, sea cual sea la zona de recuperación del balón.

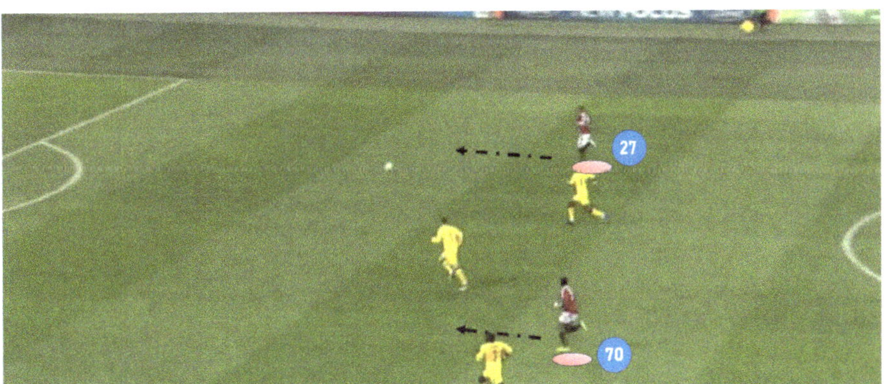

Los atacantes Kevin-Prince Boateng (27) y Robinho (70) haciendo valer su velocidad para contraatacar.

El mayor número de recuperaciones se dan en zona de creación durante las primeras dos temporadas, ya que el equipo, como hemos visto anteriormente en fase defensiva, acostumbra a tener el bloque en dicha zona para recuperar el balón o evitar la progresión del equipo rival.

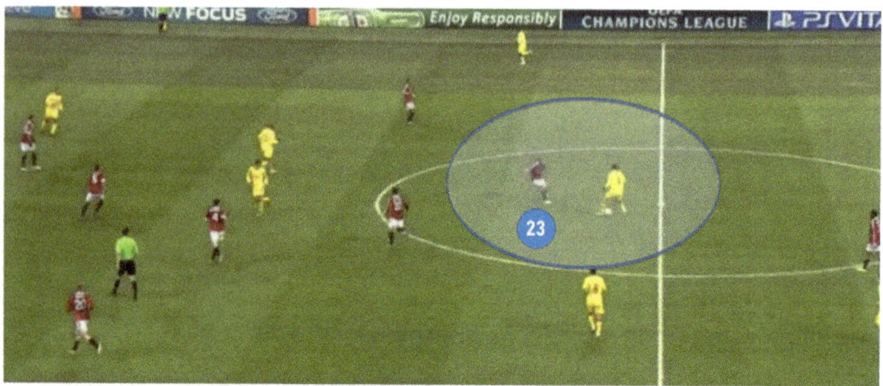

Ambrosini (23) temporizando y robando al rival el balón, que permitiría una acción rápida de contraataque.

También es importante citar a los compensadores. Los compensadores (enlace y delanteros en el sistema del técnico italiano) son jugadores que no participan en la fase de defensa organizada, ocupando zonas del centro del campo preferentemente. Estos jugadores por un lado condicionan el ataque rival y, por otro, deben estar concentrados para recibir el balón en las mejores condiciones, una vez que se ha recuperado el esférico.

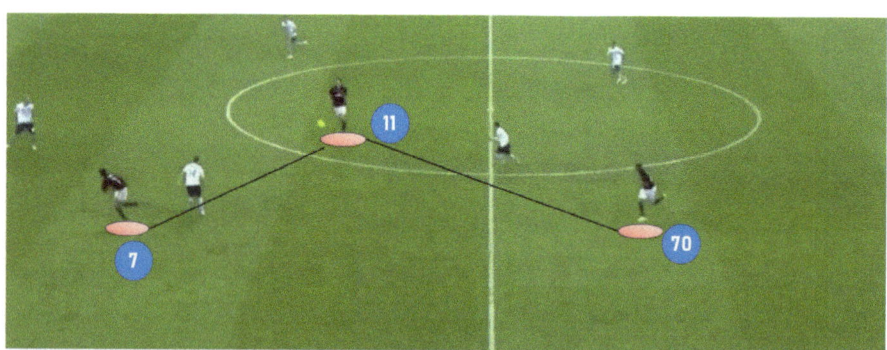

Ibrahimovic (11), Pato (7) y Robinho (70) esperando su momento tras recuperar el balón.

Ya en la tercera y cuarta temporada, el equipo reduce metros en cuanto a su altura defensiva y defienden en un bloque más bajo, más cerca del área, convirtiéndose en un equipo más defensivo si cabe. Desde la zona de inicio, realizar una transición rápida hacia la portería contraria se hace más difícil, ya que son muchos los metros a recorrer por el equipo y el equipo rival también tiene más tiempo para replegar y evitar el avance del contrario o parar el contraataque.

También es cierto que, con el equipo volcado al ataque y el nuestro replegado, son más los espacios para ocupar tras una recuperación del balón. Con espacios y jugadores rápidos, a veces basta con un desplazamiento directo dc un buen pasador que identifique bien los espacios libres, y gente rápida que los ocupe, para generar ocasiones de gol con pocos pases.

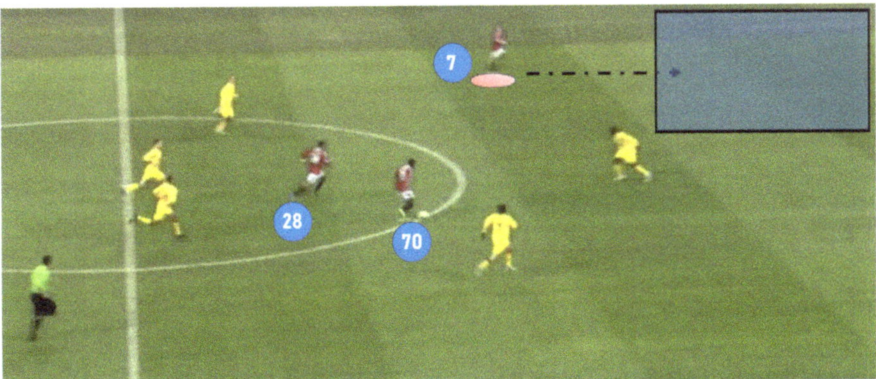

Como se ve en la imagen anterior, tras defender con el equipo replegado, se generan espacios para aprovechar si hay un contraataque rápido y, de esta forma, no se da tiempo a replegar a los adversarios. En este caso, Robinho (70), Pato (7) y Urby Emanuelson (28), aprovechan un robo de este último para realizar la ofensiva.

En la zona de inicio también se da otra situación que permite que el equipo aproveche espacios para correr y generar ocasiones en pocos segundos: la defensa de las acciones a balón parado defensivas. Cuando el equipo saca las acciones a balón parado y acumula muchos jugadores en ataque, son muchos los espacios que deja atrás que son de posible ocupación. Y esto el Milan lo suele aprovechar para generar una ocasión a partir de lo que parecía una posible del oponente.

Algunas de las consignas clave que destaco de las transiciones ofensivas del Milan son las siguientes:

- Verticalidad: mentalidad ofensiva, búsqueda constante de portería rival.
- Ataques con pocos contactos. Velocidad en las acciones.
- Pocos jugadores interviniendo en las acciones.
- Aprovechamiento de los espacios a partir de desmarques de ruptura.
- Sacar el balón de la zona de presión rival para encontrar el hombre libre que inicie una acción ofensiva. Pase de seguridad.
- Tras recuperar, manifestar amplitud y profundidad.
- Iniciar acción en un carril exterior para acabar en el otro.

- Fijadores: jugadores que inician el contraataque a partir de su conducción.
- Gestión de los descolgados: los compensadores.

TRANSICIÓN ATAQUE-DEFENSA

El momento de pérdida de balón, también llamado transición ataque-defensa o defensiva, es otro de los momentos muy trabajados por el cuadro milanés, debido a lo expuesto que queda tras la pérdida si no se realizan mecanismos de forma eficiente.

Por el estilo de juego del Milan y las zonas donde los contrarios realizan la presión, el mayor número de pérdidas se suelen dar en una zona de creación avanzada o en zona de finalización. Con motivo de esto, la línea defensiva del equipo está situada muy adelantada, lo que supone muchos metros a defender ante un posible contraataque del rival.

Como vemos en la imagen anterior, la línea defensiva, en este caso los centrales Cristian Zapata (17) y Philippe Mexes (5), realiza un repliegue intensivo hasta llegar a la frontal del área. Una vez que llega a esa zona, el central de la zona salta con su par (si este no tiene oposición) para evitar disparo o que siga progresando con el balón.

En la siguiente imagen, una vez que llegan a la frontal del área, el poseedor es acosado por el central Sokratis Papastathopoulos (15), junto a Nesta (13) y Antonini (77) realizando una cobertura al primero.

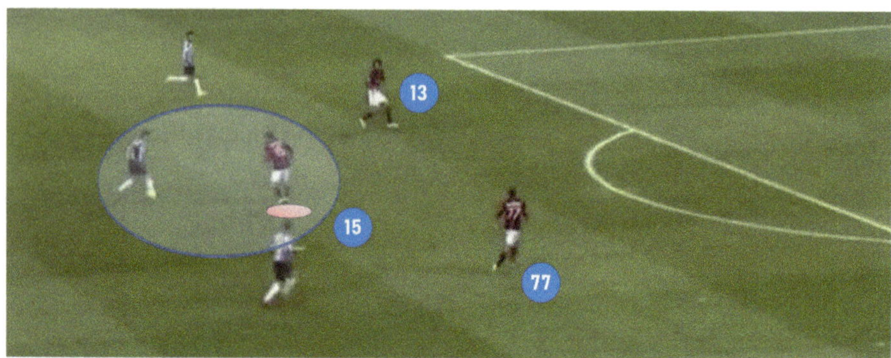

El jugador que pierde el balón, o los cercanos a esta pérdida, será el primero en intentar recuperar el balón de nuevo o evitar una progresión rápida del contrario. Esto se da debido a una presión sobre el poseedor, que no siempre será para robar y recuperar lo antes posible sino que el objetivo (y más importante si cabe) será el de temporizar al rival evitando su progresión; pero, sobre todo, permitiendo que el equipo se pueda reorganizar defensivamente y acumule jugadores por detrás del balón.

El rival saca el balón de la zona de robo y juega con un futbolista alejado. Thiago Silva (33) va al acoso para evitar que el contrario progrese y avance, mientras que sus compañeros pueden replegar y reorganizarse defensivamente.

Línea defensiva y medios replegando a máxima velocidad, a campo abierto, para poder reestructurarse y evitar una ocasión del adversario al contragolpe.

Una vez que consiguen reorganizarse defensivamente, el equipo rival realizará un ataque posicional debido a su inferioridad numérica; o si contraataca, es posible que lo haga sin éxito, ya que estará el equipo organizado defensivamente.

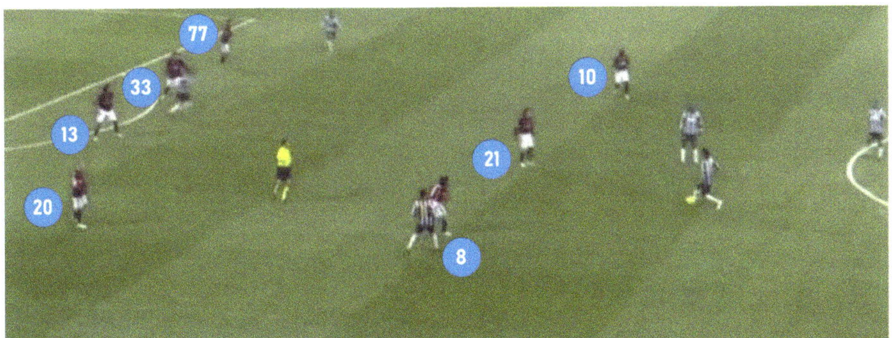

ACCIONES A BALÓN PARADO OFENSIVAS

Hemos ido mostrando en el libreto del Milan de Massimiliano Allegri que el equipo contaba con jugadores de buena técnica individual y de buen golpeo, tanto lejano como cercano (Ibrahimovic, Pirlo, Seedorf, El Shaarawy, entre otros). Como también, cuentan con gente de altura y gran golpeo de cabeza, como los Nesta, Thiago Silva, Yepes o Mexes.

En los saques de esquina (veremos acciones efectivas en el siguiente punto) y en las faltas laterales y frontales, aun teniendo buenos jugadores en estas acciones, no son muchas las jugadas a balón parado que acaban en gol. Generan peligro, pero no tienen el éxito esperado.

Podemos ver saques de esquina y faltas laterales con lanzadores a pierna natural (El Shaarawy o Pirlo por banda derecha) como también podemos ver al zurdo Emanuelson en carril derecho con centros cerrados. O incluso, buscar el factor sorpresa sacando faltas rápidas cerca del área o con lanzamientos de esquina 2 contra 1.

Emanuelson (28) y Robinho (7) con envíos cerrados al área.

Los golpeos de falta directa tienen un nombre en las primeras temporadas: Zlatan Ibrahimovic. Ibra, con golpeos con mucha potencia, busca el gol en faltas cercanas o de media distancia y el resto de los compañeros van en busca del rebote ante un posible rechazo del portero que no pueda retener el balón. Thiago Silva y Mario Balotelli también se encargarían de los lanzamientos de falta ejecutándolos del mismo modo.

Ibrahimovic (11) golpeando desde muy lejos a la portería rival gracias a su potencia de tiro.

En lo que se refiere a los saques de esquina ofensivos, visualizaremos los comportamientos y movimientos que realizan los jugadores en los saques de esquina. Para ello, tendremos en cuenta:

- Lanzador: pierna natural o a pierna cambiada.
- Número de rematadores y su posición inicial -escalonamiento-.
- Zonas que ocupan o atacan – rechace frontal o en zona de balón, 1º o 2º palo, a la corta, caída/prolongación-,
- Bloqueos y arrastres/aclarados.

Robinho (70), Nocerino (22) y Abate (20) en una acción a balón parado de saque de esquina.

ACCIONES A BALÓN PARADO DEFENSIVAS

Comportamientos en saques de esquina

En los saques de esquina del rival, existen diferentes variantes en la distribución de los espacios de los jugadores o posición inicial para defenderlos. Aun así, predomina una defensa de marcaje combinado, en la que hay varios jugadores defendiendo en zona y otros que realizan marcaje individual directo sobre jugadores rivales.

Si es un saque de esquina directo; es decir, el lanzador ejecuta el córner directamente al área, predominan:

- 2 o 3 jugadores en zona de palo corto -1 de ellos como jugador libre y que va al balón por su nivel en el juego áereo, como puede ser Ibrahimovic-.
- De 4 a 6 marcas individuales, dependiendo de los rivales que van al remate.
- 1 jugador a la caída en la zona de balón/saque.
- 1 jugador en la frontal del área grande.
- Menos probable, pero que también se da con algo de frecuencia es:
    - 1 jugador en el primer palo.
    - 1 jugador arriba preparado para la transición ofensiva.

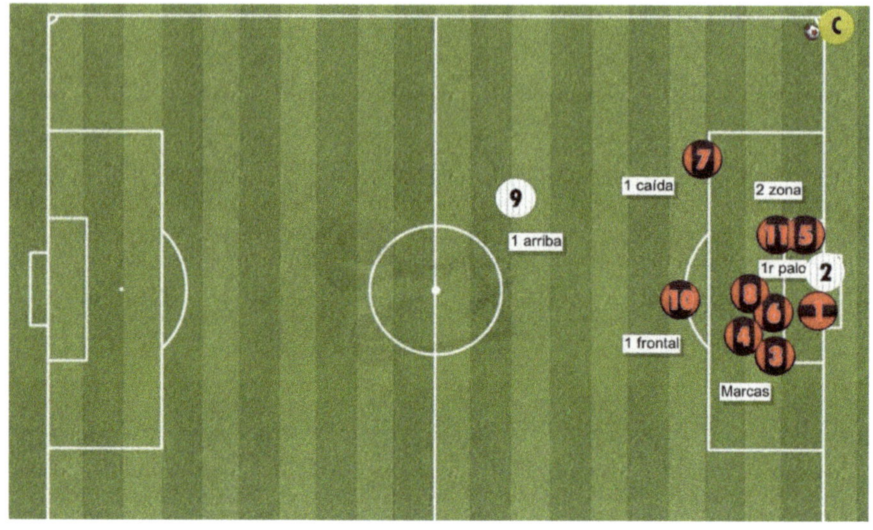

Rossoneri, las posiciones fijas; blancas, las variantes posibles.

Si en el córner el equipo rival dispone de dos jugadores en el saque, pueden ser diferentes las consignas:

- Si hay 2 contra 2: defenderán el jugador de la zona de caída de balón y uno de los jugadores en la zona del palo corto.
- Si hay 2 para sacar pero uno lejos: se aproxima el jugador de caída de balón solamente, ya que se interpreta que ese jugador está simplemente para engañar o sacar otro jugador de otra zona.
- Si hay 2 para sacar y el segundo está cerca: se aproxima el jugador de la caída y uno de los jugadores de la zona de palo corto se aproxima varios metros sin salir de dicho sector, pero a una altura que le permita llegar ante un posible pase de primer lanzador a segundo.

Comportamientos en faltas

En el apartado de las faltas, tanto si es una falta lateral o más centrada en la zona de creación o de finalización, tienen comportamientos parecidos.

El Milan es un equipo que prioriza la defensa de las jugadas a balón parado antes de pensar en la idea de una transición ofensiva si logran rechazar el balón. Con esto, quiero decir que no acumulan jugadores arriba, solamente el delantero se queda como referencia si la falta del rival es prácticamente en una zona cercana al mediocampo. Si no, este también ayuda en la defensa de estas acciones.

Al acumular tantos jugadores, es difícil que les rematen y generen acciones de gol. Primero, por el perfil de muchos de los jugadores que se colocarán, con o sin marca, en zonas próximas a la portería. Segundo, por tener superioridad numérica.

Los jugadores se ubican, generalmente, de la siguiente manera:

- 7-8 jugadores en la frontal del área grande, unos con marcaje individual y otros libres de marca, pendientes del balón para despejar.
- 1 jugador en la barrera que pueden ser 2, siempre y cuando tengan 2 lanzadores y el segundo salte a segundo lanzador.
- 1 jugador en frontal.
- 1 jugador en amplitud marcando un rival que es posible receptor de balón.

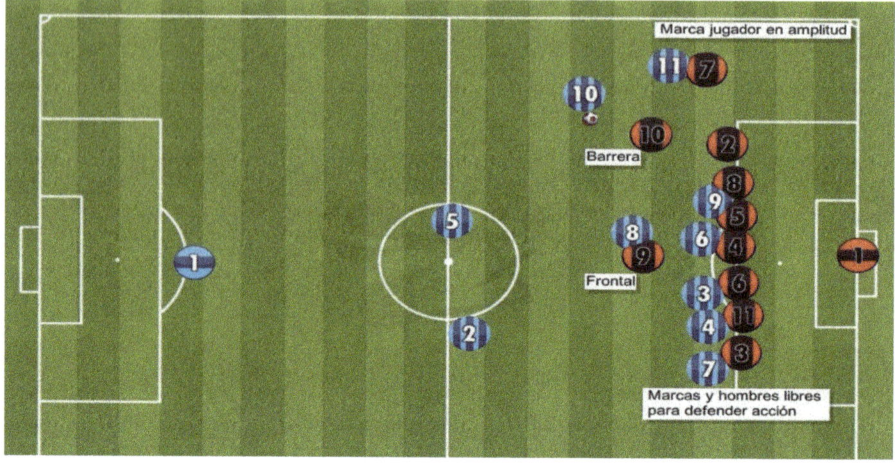

En caso de que la falta lateral sea entre el punto de penalti y la portería, la disposición sería la siguiente:

- 1 jugador en la barrera.
- 1 jugador a la corta .
- Jugadores en la zona en el área pequeña.
- Jugadores con marca individual.
- 1 jugador frontal.

Frontal
Marcas
4 zona
Corta
Barrera

SU LIBRETO EN JUVENTUS DE TURÍN

"Para mí es un honor. Fue un rayo en un cielo sereno cuando fui contactado para comprobar mi disponibilidad para entrenar a la Juventus. Es un club que tiene historia, que tiene tradición. Es un club que está construyendo el presente y el futuro. En este momento debo pensar en el presente y en el futuro heredando un equipo que ha ganado durante tres años, y entiendo el escepticismo de los aficionados porque prácticamente en un día ha cambiado el entrenador de la Juventus. ¿Cómo conquistarles? Con resultados, con el trabajo, con el respeto y con la profesionalidad. Entiendo la importancia de entrenar a la Juventus. He estado cuatro años en el Milan y, por lo tanto, creo que estoy preparado para continuar con esta racha de resultados que en estos últimos tres años la Juventus ha conseguido y, sobre todo, intentar mejorarlos. Cuando vuelvan todos los jugadores, comenzaremos a trabajar para tratar de continuar ganando en Italia. No hay que darlo por hecho, hay que intentarlo, y crear las bases para hacerlo y mejorar los resultados de Champions, que no es fácil pero tenemos el deber de intentarlo".

Massimiliano Allegri en su presentación como nuevo entrenador de la Juventus.

17 de julio de 2014.

SISTEMAS DE JUEGO

Temporada 2014-2015, la primera de la era Allegri. Llega con la afición en contra, ya que no le veían capacitado para tomar las riendas del equipo. En vez de ser revolucionario, él llega, observa y toca pocas piezas. Durante la primera parte de la temporada el equipo seguirá con el famoso sistema de Conte, 1-3-5-2, dando continuidad al trabajo del exentrenador. Pero con el paso de las jornadas tiene la necesidad de imponer su sistema más reconocido años atrás, el 1-4-3-1-2.

Buffon sería el capitán y el amo de la portería; en la línea defensiva, por fuera destacan las subidas de Licthsteiner y Evra, acompañando Chiellini y Bonucci como centrales; Pirlo como regista, que volvía a encontrarse con el técnico; Marchisio ayudando en el juego de asociación, junto a Pogba que tenía más recorrido; Vidal con su llegada como enlace, cerca de los dos delanteros, Tévez y Llorente.

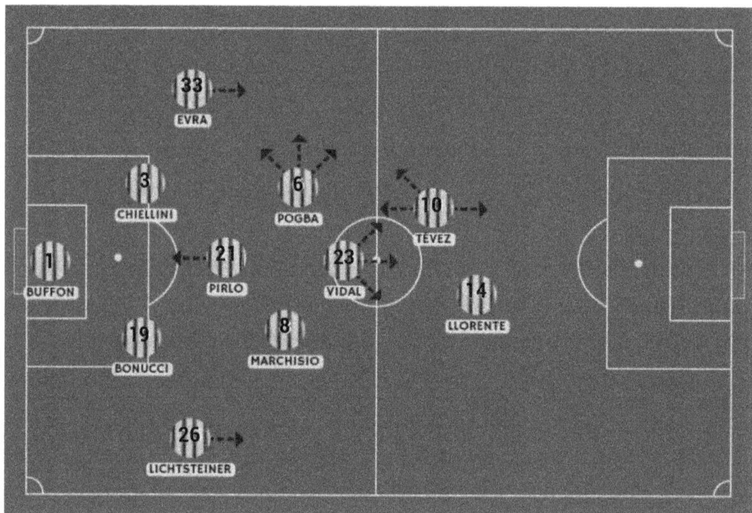

Como suplentes de lujo, el francés Kingsley Coman y el español Álvaro Morata empezarían a deslumbrar en el equipo; en el centro del campo, el argentino Pereyra y los italianos Sturaro y Padoin, daban descanso a los titulares; atrás, Cáceres, Asamoah y Ogbonna tendrían su cuota de participación durante la temporada.

En su segunda temporada, la 2015-16, se marcharon de una tacada tres jugadores fundamentales de la columna vertebral como eran Pirlo, Arturo Vidal y Tévez. Bajas sensibles, por las cuales el entrenador tuvo que reformular la propuesta. Es por ello, que el equipo vuelve al 1-3-5-2 de temporadas anteriores.

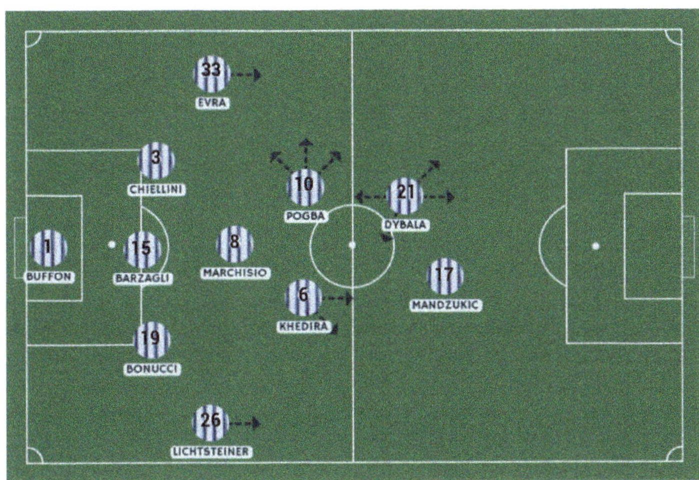

Buffon en la meta; línea de tres centrales con Bonucci, Chiellini y Barzagli; Evra y Lichtsteiner como carrileros de perfil ofensivo, llegando continuamente a zona de extremos; Marchisio en el sitio de Pirlo; Khedira y Pogba, recuperando y llegando al área rival; Dybala ejerciendo como el mejor Tévez, y Mandžukić en el sitio de Fernando Llorente, quien se convirtió en la referencia del juego directo del equipo.

Otros jugadores que entrarían en la rotación serían Morata, alternando el sitio con Mandžukić; Alex Sandro, quien empezó a ganarse su sitio en el lateral izquierdo, como también Cuadrado en el otro costado; en el centro del campo con la novedad de Hernanes, mientras los Padoin, Sturaro y Pereyra, seguían sumando minutos entrando desde el banquillo; Simone Zaza, en punta, disfrutaría de algunos partidos en el equipo turinés.

Tercer año del técnico italiano en el club. Temporada 2016-17. Es el año en el que el entrenador realiza más cambios en cuanto al sistema. Se producen llegadas importantes, como Dani Alves, Miralem Pjanic y Gonzalo Higuaín. Como baja, Paul Pogba es la más determinante.

En un banco de pruebas constante, cambiando del 1-3-5-2 al famoso 1-4-3-1-2, hasta llegar al 1-4-2-3-1 que se convertiría en el sistema más utilizado al final del año, tras empezar a emplearlo en el mes de enero, obtener buenos resultados y acabar de ubicar a los jugadores más avanzados.

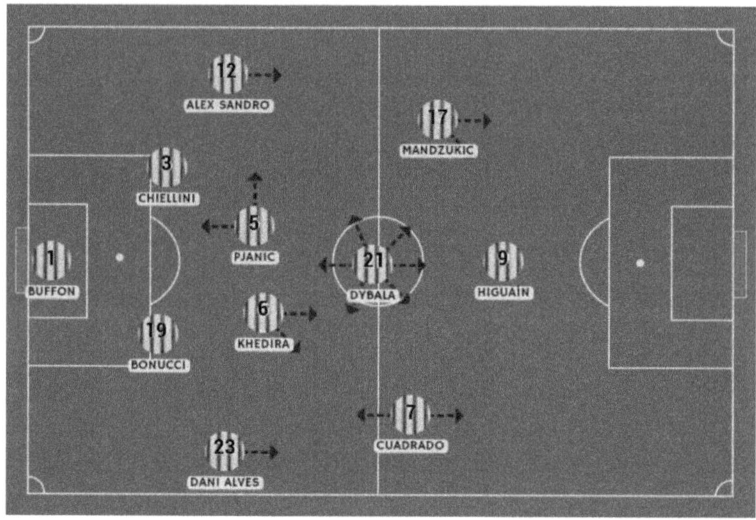

Buffon sigue un año más mandando en la portería; en el lateral derecho, Dani Alves, alternando con Lichtsteiner, y en el costado izquierdo Alex Sandro; Chiellini y Bonucci defendiendo la zona central; Pjanic y Khedira como doble pivote, uno más organizador -el primero- y otro más llegador -el segundo-; Dybala tomando galones desde la posición del 10; Cuadrado como extremo derecho ya en el once habitual, compartiendo puesto con Alves en ciertos partidos de la temporada; Mandžukić, aportando en el juego directo pero desde el sector izquierdo como extremo; Higuaín, que llegó para convertir en goles las ocasiones generadas por el equipo.

En la segunda unidad, son importantes Asamoah como lateral o interior; Barzagli, junto con Benatia, en momentos importantes del año como central; Rugani empezaba a asomar la cabeza en el primer equipo con más continuidad; Marchisio, Sturaro, Lemina y Hernanes entrando para dar descanso a los titulares; el croata Pjaca también entraría en el equipo en el frente de ataque.

La cuarta temporada, 2017-18, hay que tener presente las bajas de Dani Alves y Bonucci, que eran dos jugadores de peso en el equipo. En una demostración más de reestructuración por parte de Max Allegri, el equipo cambia de idea -se vuelve más contragolpeador- y de sistema, pasando a un 1-4-3-3. Para potenciar este sistema, las llegadas de Blaise Matuidi, Bernardeschi y Douglas Costa, ayudaron a que funcionase.

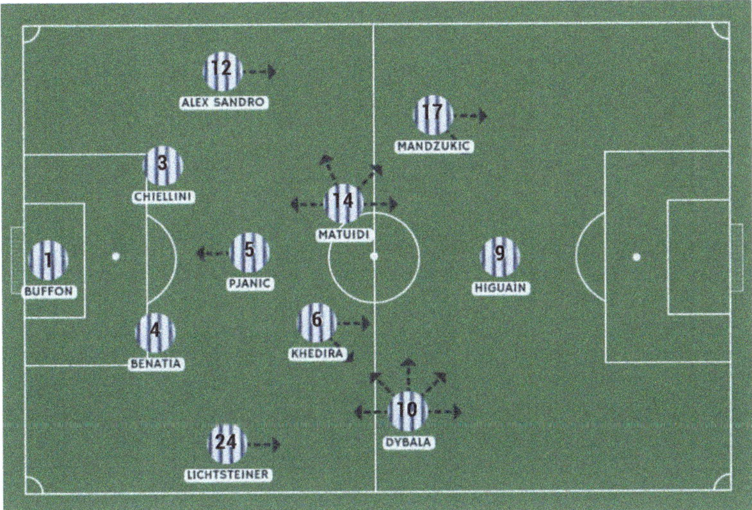

La portería para Buffon; Lichtsteiner y Alex Sandro como laterales, aunque el segundo también entraría como interior; Chiellini con Benatia como centrales, alternando también con Rugani y Barzagli con el primero; Pjanic como regista; Matuidi y Khedira en los pasillos interiores; Dybala por fuera, entrando a pierna cambiada hacia dentro, y alternando posición con Douglas Costa; Mandžukić por izquierda e Higuaín en la delantera completaban el once habitual del equipo.

Szczesny empezaría a entrar como titular, dando descanso a Buffon con buenos partidos; Asamoah y De Sciglio ingresarían para jugar en los laterales; Cuadrado, Bentancur, Sturaro y Bernardeschi, también como piezas importantes en la squadra italiana.

Para finalizar, la temporada 2018-19 ya sin el gran Gianluigi Buffon como capitán, que se fue camino a París para jugar en el PSG. Ese año, además de la incorporación de CR7, la vuelta de Bonucci y las firmas de Cancelo y Emre Can, le dieron un salto cualitativo a la plantilla. El

equipo sigue jugando con un dibujo 1-4-3-3, buscando la fórmula para que Cristiano Ronaldo pueda ser lo más determinante posible.

Szczesny era el portero titular; Chiellini junto a Bonucci volvieron a formar la dupla que tantos éxitos les había dado anteriormente; Alex Sandro y Cancelo completaban la línea de 4; Pjanic como organizador, junto a Matuidi, Bentancur y Emre Can como interiores; Dybala y Mandžukić seguían con sus roles de extremos a pierna cambiada; y la posición más avanzada la ocupaba Cristiano Ronaldo, con cierta libertad de movimientos.

Rugani, Barzagli, Benatia y De Sciglio entraban formando parte de la línea defensiva; Khedira con menos importancia en el equipo; Cuadrado, Bernardeschi y Douglas Costa alternando titularidades y suplencias; Moise Kean sumando minutos y empezando a anotar goles en la Serie A.

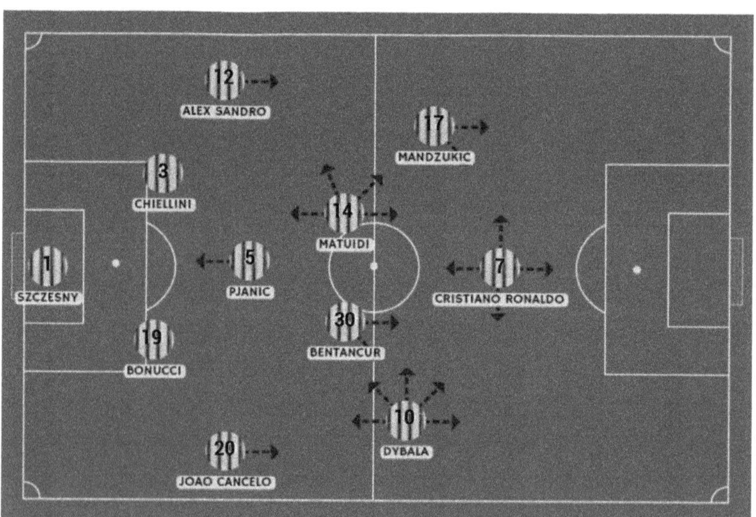

ATAQUE ORGANIZADO

Fase de inicio

La Juventus de Turín de Allegri tiene múltiples diferencias con su AC Milan durante las cinco temporadas que dirige al club transalpino. En el juego ofensivo, la Juventus es un equipo con más posesión del balón, un equipo que propone más desde atrás. Los rivales, debido a la diferencia entre sus plantillas y las que dirige el técnico italiano, son equipos que defienden en un bloque bajo, replegados y a la espera de tener su oportunidad durante los 90 minutos para llevarse los tres puntos. Esto hace que la Juventus se vea "obligado" a tener más tiempo la posesión del balón y a llevar la iniciativa en muchos de sus partidos.

El equipo, ya sea con línea de cuatro o con línea de tres centrales, y con la colaboración de sus mediocentros e interiores en ocasiones, busca mecanismos que le permitan progresar y avanzar en sus ataques hasta encontrar la portería rival. Sus ataques, son mucho más largos que en AC Milan, donde el equipo estaba más acostumbrado a balones en largo, siendo la primera opción de sus inicios de juego y apostando poco por un juego de elaboración.

Iniciando un juego más asociativo, los centrales tienen un peso más importante durante toda su estadía. En Milan, aparte de los grandes Alessandro Nesta y Thiago Silva, nadie toma el relevo para poder salir en corto y proponer desde atrás. En cambio, aunque siempre fueran más conocidos por su destreza a la hora de defender, Leonardo Bonucci (en dos etapas) y Giorgio Chiellini, son jugadores imprescindibles para el equipo y se ve reflejado en diferentes situaciones de salida de balón manifestadas en los partidos. Ambos son jugadores con características distintas, pero se combinan perfectamente. Uno diestro, otro zurdo. Bonucci, con una salida limpia y un gran desplazamiento en largo, que le permite conectar con jugadores más alejados y mover defensas rivales de un costado al otro. Chiellini con una zancada y una conducción imponente con la que supera líneas de presión y llega

hasta zonas muy avanzadas. Con menos presencia en el equipo pero no sin importancia, su inseparable compañero Andrea Barzagli, y los Mehdi Benatia y Daniele Rugani más adelante.

En base a todos ellos, se construyen varias de las situaciones de inicio. La primera de ellas, la de mirar lejos. Salen en corto, y los centrales conducen, ya que no son presionados de inicio. Con la mirada levantada, viendo más allá de la zona que ocupan ellos con el balón, buscan un pie al que pasarle ese balón y saltar varias líneas de presión rival. Este pase lo dan cuando el delantero centro rival parece que tiene intención de acelerar el ritmo e ir a robarles el balón. El central, que ya ha visto donde tiene que hacer llegar el balón, lo envía y superan la zona de inicio filtrando un pase tenso o, rara vez, un pase tocado para que el receptor reciba con el pecho y se la quede. Los receptores, según lo presionados que estén, se girarán y encararán con el objetivo de realizar el ataque o jugarán de cara ejerciendo como tercer hombre para que sea este quien lleve el balón a campo contrario.

Mirar jugadores alejados era una de las consignas que dejó Johan Cruyff en su legado del Fútbol Club Barcelona, en su Dream Team. Como dijo en una charla técnica Pep Guardiola, "Cruyff me decía que cuando tuviera la pelota primero mirara al más alejado. Al profundo. A Romario. Buscar lejos para dejar de cara y abrir. Así, además de ser una acción con la que estás atacando, evitas millones de contraataques".

Leonardo Bonucci (19) central diestro de la Juventus, conectando con el delantero centro Mario Mandžukić (17) saltándose líneas de presión mirando lejos.

Leonardo Bonucci (19) de nuevo saltando dos líneas de presión tras identificar a Paulo Dybala (10), enlace juventino, como hombre libre.

Giorgio Chiellini (3) central zurdo buscando un pase hacia Mario Mandžukić (17) para que este, en carril central, reciba y pueda conectar con algún compañero.

La salida de 3 en la Juventus tiene más trascendencia, ya sea porque el mediocentro se mete entre los centrales para ayudar en la salida de balón o debido a que juegan, en muchas ocasiones, con línea de tres centrales.

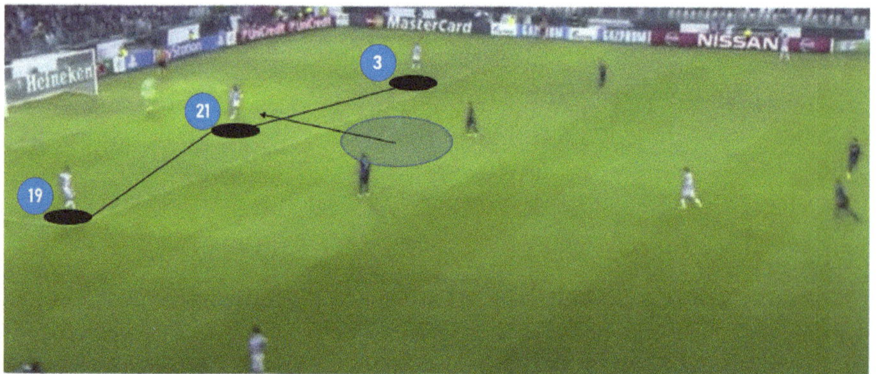

Vista la dificultad para salir en corto, el mediocentro italiano Andrea Pirlo (21) se introduce entre los centrales Leonardo Bonucci (19) y Giorgio Chiellini (3) para superar esta primera presión adversaria.

Con la salida de tres centrales, la salida de balón normalmente la realizan los dos centrales que juegan por los costados y el central del medio es el que da un paso atrás para recibir pase de emergencia o para ir a la cobertura si hay una pérdida de balón por parte del compañero.

Sin embargo, la Juventus de Max Allegri tiene mecanizado otro movimiento para sorprender a los rivales. Se trata de un movimiento hacia adelante por parte del defensa central ubicado en la zona central. Con el rival presionando hacia adelante y ante la dificultad por salir con el balón jugado, el central hace un desmarque hacia adelante por detrás de delantero centro cuando el balón llega al defensa central derecho o izquierdo. Con este desmarque genera un nuevo apoyo para salir jugando. Se desmarca de su par, que no espera dicho movimiento, y el defensa central puede recibir por detrás de él y progresar en conducción. El balón no siempre va a parar a él, sino que será el mediocentro o el interior de zona el receptor del pase del defensa central en posesión de balón; no obstante, el poseedor tendrá dos posibles opciones de pase y el rival de línea de medios dudará si saltar a presionar o si es mejor temporizar y esperar en su posición otro momento más idóneo para llevar a cabo la presión.

En la primera imagen es Bonucci (19) el que deja de ser el pase de emergencia y pasa a atacar un espacio libre para recibir por detrás del delantero centro, que le marca en la salida de balón. En la segunda imagen es Andrea Barzagli (15), como central, el que hace ese paso adelante y da una segunda opción al central diestro, ya que Barzagli y Arturo Vidal (23), interior, son posibles receptores de poseedor.

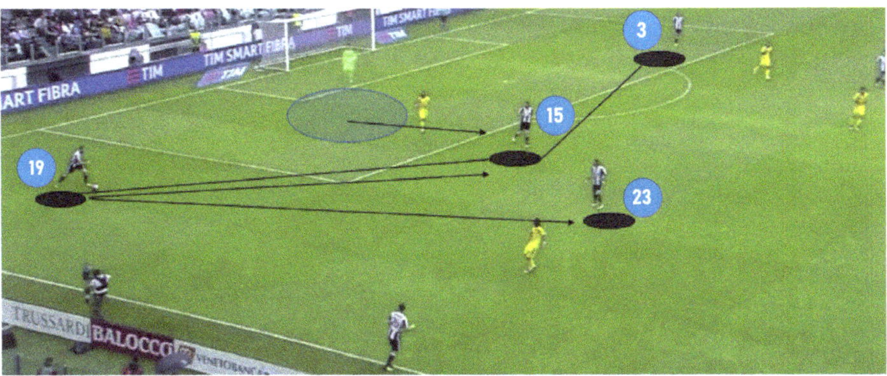

Pero no siempre salen jugando en corto. Ante equipos que realizan una presión avanzada, la salida desde atrás es alternada entre combinaciones en corto por jugadores de primera y segunda línea o desplazamientos en largo jugando más directo sobre jugadores más avanzados o con envíos a zonas más lejanas. Pueden darse este tipo de comportamientos tanto en saques de portería como con el balón en movimiento, intentando salir en corto y, ante la imposibilidad, la preferencia por el juego directo. A esto, podemos sumar otro comportamiento que es el del falso inicio. Falso inicio lo consideraremos cuando el portero saca de portería en corto y el central, tras controlar, realiza un pase largo intentando que supere a la línea defensiva y pueda darse una situación de 1 contra 1 al espacio con un jugador avanzando, aprovechando la altura de la línea defensiva en el saque del portero.

También se dan otras situaciones en las cuales el equipo prioriza el emplear un juego más directo:

- Resultado favorable durante los últimos minutos de partido para evitar pérdidas en zonas más delicadas que permitan ocasiones de gol rival.
- Ante equipos fuertes de la Serie A o de Europa cuando se enfrentan en Liga de Campeones.
- Fuera de casa, tanto en liga como en Europa, sobre todo en fases eliminatorias.

Estos balones largos, que se realizan en la zona de iniciación, tienen varios destinatarios. Si en su anterior club era Zlatan Ibrahimovic el principal referente, en su nuevo club tuvo varios y muy diferentes, en cuanto a perfil como a posición donde se ejecuta la disputa por el balón. Durante su primera época en el club juventino fue Paul

Pogba, el interior francés traspasado posteriormente al Manchester United, el que recibía estos pases para peinar o para quedárselos y posteriormente jugar con un compañero. Más tarde, Mario Mandžukić, tanto en posiciones exteriores como en posiciones más centradas, sería el referente más importante. El delantero centro Fernando Llorente y el internacional argentino subcampeón del mundo, Gonzalo Higuaín, aparecen en este tipo de jugadas con menos frecuencia. También Alex Sandro, lateral izquierdo con vocación ofensiva, disputaría muchos balones aéreos en su carril para conectar con delanteros. Por último, la incorporación de Cristiano Ronaldo, recién llegado del Real Madrid, permitiría a Allegri tener otro as en la manga en estos envíos largos.

Paul Pogba (6), interior del equipo turinés, yendo a la disputa de un saque de portería. Acostumbrado a ir a las disputas aéreas en carril central y carril izquierdo.

Alex Sandro (12), lateral zurdo disputa el balón para poder peinarlo a un contacto.

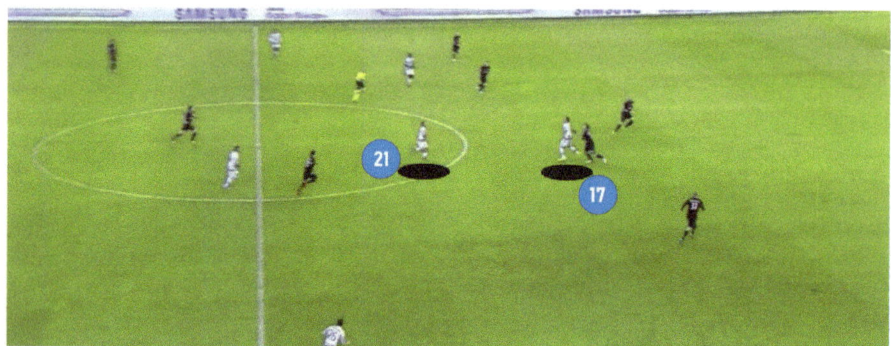

Mandžukić (17), siempre apareciendo como Pogba en diferentes posiciones, en este caso como referencia en la delantera o como referencia lateralizada, como extremo izquierdo sobre todo. En esta situación, la intención es dejar de cara el balón a Paulo Dybala (21).

Cristiano Ronaldo (7), extremo y delantero centro del club en la última etapa de Allegri, recibiendo un balón largo del central tras sacar en corto y jugar, inmediatamente, en largo con jugadores más avanzados e intentar generar rápido una ocasión de gol debido a la alta altura que marca la línea defensiva. Mandžukić (17) en la ayuda con Cristiano (7) para poder combinar y atacar esos espacios existentes.

Igual de importantes eran en la salida de balón los jugadores exteriores de la primera línea, ya fuera jugando como laterales o como carrileros. Si estos fueron importantes en Milan, algunos con clara tendencia a subir al ataque y pisar la línea de fondo, en la Juventus mejoran sus registros de asistencias y su calidad les permite aparecer mucho más tanto en la salida de balón como más adelante veremos en fase de creación o finalización. Destacar por banda izquierda al internacional brasileño absoluto Alex Sandro, que llegó en 2015 desde Porto para ser una parte fundamental. En la banda derecha son varios para mencionar; sumando muchos partidos el internacional por Suiza, Stephan Lichsteiner (quizás el menos técnico de todos ellos, pero con una implicación y una intensidad defensiva altísima); el lateral de bahía Daniel Alves, que llegaría desde Barcelona como campeón de

todo y que en su única temporada en el club daría un salto importantísimo en ese costado; o João Cancelo, internacional portugués llegado del Valencia que vendría para suplir al brasileño.

Los mecanismos en salida por el carril exterior son los siguientes:

- Jugar por fuera con lateral para después jugar con interior libre, debido al repliegue del equipo rival tras encontrar fuera al hombre libre.
- Jugar fuera-dentro al lateral con el mediocentro. El centrocampista recibirá como hombre libre tras saltar la primera línea de presión, triangulando central – lateral – mediocentro.
- Recibiendo como hombre libre sin presión alguna, ya sea con un pase de portero o central, tras pared con interior o tras un cambio de orientación llevando el balón de un costado al otro, y conduciendo hasta la zona de creación y encontrar el siguiente pase.
- Recibiendo y jugando a uno o dos contactos, sabiendo que iba a ser presionado inmediatamente por un rival.
- Jugando con hombres alejados, variante utilizada también por los centrales.

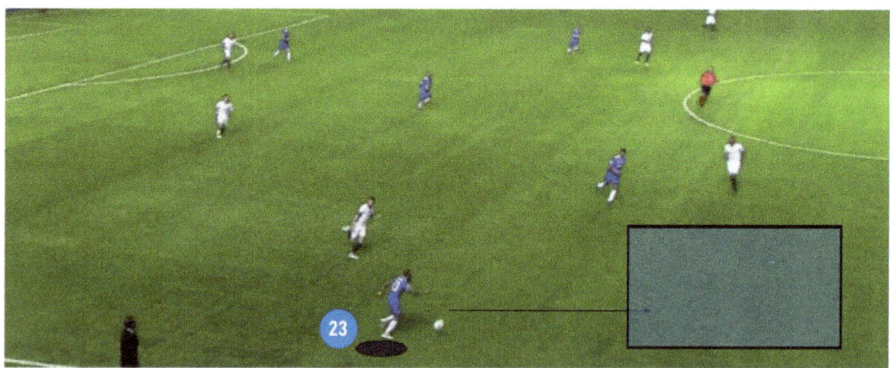

El lateral derecho Dani Alves (23) en conducción tras recibir un cambio de orientación. La conducción la realiza tras haber recibido libre, ya que el extremo del Sevilla estaba muy basculado; y tras un

pase largo preciso, puede recibir el lateral sin excesiva dificultad para hacer un control orientado que le permita ganar la partida al adversario.

Nuevamente Dani Alves (23) jugando fuera-dentro con el mediocentro Pjanic (5). Pjanic, dentro del cuadrado de presión del equipo rival, recibe solo con tiempo y espacio para pensar en el siguiente pase.

Como vemos en líneas anteriores, los mediocentros e interiores del equipo transalpino también tienen mucho que decir en la salida de balón del equipo. La conexión con laterales o carrileros es muy elevada y son muchos los momentos en que se necesitan los unos con los otros en esta fase del juego.

Hemos visto al mediocentro recibir como hombre libre, aprovechando la triangulación entre central, lateral de zona y mediocentro, haciendo que este último recibiera solo y con tiempo para avanzar, para girar el juego o la opción que creía más conveniente en ese momento. También hemos visto al interior de zona caer a banda, realizando un desmarque de dentro hacia fuera, ocupando un espacio libre existente en el carril exterior.

El pase del portero en la imagen se ve cómo va a parar al lateral izquierdo Alex Sandro (12). Sabiendo que va a ser presionado, busca un compañero para pasar el balón. El objetivo del pase será Matuidi (14), que se desmarca hacia el carril exterior, donde está el espacio libre para recibir.

Los jugadores de mediocampo con los que cuenta el técnico italiano son diferentes en cuanto al perfil a lo que estaba acostumbrado en Milan. Durante los cinco años en la Juventus de Turín cuenta con grandes pasadores. Jugadores capaces de leer el juego, de llevar la batuta del equipo, como Andrea Pirlo, Claudio Marchisio o Miralem Pjanic.

Si destacamos a alguno, sería al bosnio, por su importancia temporada tras temporada. Cuando Francia se le quedó pequeña, aunque ya hubiera pasado la época gloriosa del Lyon, saltó a Italia. Primero a la Roma, luego a la Juventus. Fue el heredero de Pirlo en Turín. "Pjanic es un jugador muy importante. Tiene calidad técnica, nos da muchas soluciones en las acciones a balón parado. Sube y mejora el nivel de mis otros centrocampistas. La Juventus es un equipo difícil de mejorar y él es uno de los que pueden hacerlo", explicaba Allegri después de que la Juve pagara 32 millones de euros a la Roma por el bosnio. La admiración es recíproca. Pjanic develó una conversación con Allegri en la que el técnico le pidió que jugara por delante de la defensa: "Me acostumbré de forma gradual, pero me dijo que tenía que mejorar. Esto no me impide volver a una parcela más ofensiva".

Siguiendo con los centrocampistas y por lo que representa a los interiores, en la escuadra rossoneri solían jugar jugadores de un perfil más defensivo, recuperadores, ayudando continuamente a la línea del fondo en fase defensiva. En el equipo juventino los interiores tenían más recorrido, son jugadores capaces de recorrer grandes hectáreas con su zancada, llegando incluso a zonas de remate o finalizar desde fuera del área. Muchos son los jugadores con este perfil: Paul Pogba, Sami Khedira, Blaise Matuidi o Rodrigo Bentancur, entre otros. Sin olvidarnos del argentino Paulo Dybala que, como enlace, es capaz de venir a recibir o ubicarse en zonas donde pueda ser opción de pase.

Estos jugadores, a parte de los comportamientos ya mostrados, tienen otros en los que también son importantes.

Los mediocentros, jugadores con calidad y buena toma de decisión, serán los encargados de llevar la batuta en las primeras zonas del campo. El mediocentro viene mucho a recibir entre delanteros centro que se muestran abiertos atentos a si el portero juega con centrales para saltar al acoso, y él puede recibir solo siempre que no sea perseguido por su par. El receptor podrá girarse y elegir la mejor opción o jugar directamente con laterales, ya en zona de creación.

Marchisio (8) actuando como mediocentro desciende y recibe en la misma altura que los delanteros. Esto es consecuencia de la presión que ejercen los mismos sobre los centrales, que si reciben el balón serán acosados. Marchisio (8) se ofrece en corto y puede recibir, al no ser perseguido por nadie en su apoyo.

Si el mediocentro es acosado, el receptor pasará a ser el siguiente, el interior de zona. Podrá jugar con laterales o si es acosado por su par y le pasan el balón, deberá decidir si protege el esférico e intenta girarse, superando al rival en el 1 contra 1 y progresar rápido en carrera hasta campo contrario, o si realizan un tercer hombre con el central contrario y giran la orientación del juego. Tercer hombre, como dijo Juan Manuel Lillo: "No toques si no buscas generar nada. Tocar para superar líneas. Buscar el tercer hombre y la segunda acción (dejar de cara); dejar al más alejado".

Pogba (6) demostrando su poderío físico, protegiendo el balón con el cuerpo y con el brazo izquierdo en la disputa con el rival. Pogba es capaz de jugarse un 1 contra 1 en zonas peligrosas.

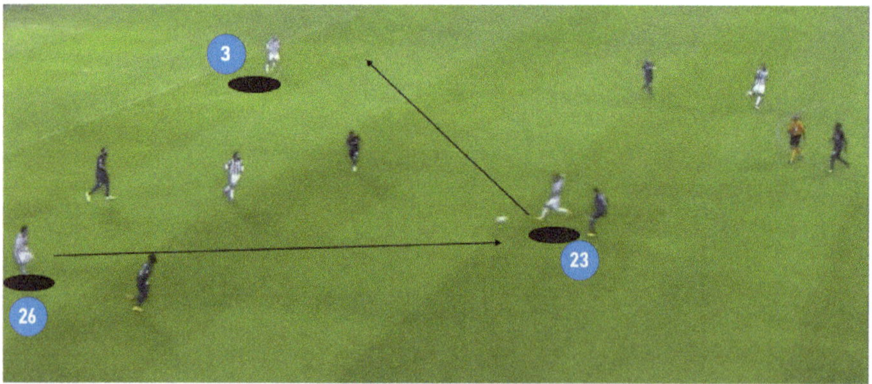

Vidal (23) actuando como segundo hombre y posibilitando el tercer hombre en la salida del equipo bianconero. Lichsteiner (26), como lateral derecho, busca a Vidal que baja en altura y recibe el balón, sabiendo que es acosado por su par y juega con jugador más alejado de cara, en este caso Chiellini(3) como lateral derecho. Esto permite que el equipo salga de la presión y lleve el balón a zonas más desocupadas.

Por último, jugando como enlace, Paulo Dybala tiene un papel fundamental juntando al equipo con el balón. Si la salida es dificultosa, baja en altura y se coloca en una zona donde pueda recibir y permitir al equipo saltarse incluso más de una línea de presión adversaria.

Pjanic (5) saltando líneas de presión con un pase filtrado sobre Dybala (10). El argentino con un control orientado hacia fuera permitirá al equipo progresar en el juego.

Fase de creación

La zona de creación tiene más impacto en el juego de la Juventus de Turín del que tenía el Milan entrenado por Max Allegri en sus cuatro temporadas en el club. Sin ser un equipo con posesiones largas, sino

siendo un equipo que cuando llegaba al mediocampo buscaba cuanto antes la portería rival, sí es cierto que es capaz de madurar más las jugadas. En esta fase del juego, los mediocampistas tienen más influencia en el juego de ataque y participan más en la elaboración de la jugada. Sin ir más lejos, Andrea Pirlo y Claudio Marchisio eran dos jugadores determinantes en el juego del equipo turinés. Aunque si alguien fue protagonista en esta zona del campo fue el bosnio Miralem Pjanic. El internacional bosnio tuvo mucha repercusión en el juego, siempre ofreciéndose como opción de pase, girando la orientación del juego, juntando pases con compañeros cercanos o enviando balones largos precisos hacia sus compañeros más alejados. La batuta del equipo la llevó por completo el mediocampista fichado de la Roma.

Pero no serán los únicos en tener presencia en estas zonas del campo. Citaremos diferentes comportamientos ofensivos en la segunda zona de juego empezando por los jugadores más atrasados, como son los centrales. La Juventus fue un equipo que, pisando mucho campo contrario, era capaz de plantar a todo el equipo en campo rival, incluyendo a los centrales en posiciones muy altas. Como quedó patente en la zona de iniciación, los centrales eran jugadores con una potencia capaz de conducir y llegar a zonas muy avanzadas del campo. Cuando llegan al campo contrario, conducen esperando a encontrar el hombre libre; es decir, fijarán a su oponente que será quien, tras su acoso, libere un compañero a quien le permita pasar el balón.

Los centrales del cuadro transalpino, como vemos en la imagen al joven Daniele Rugani (24), conducen y llegan a campo contrario hasta que un oponente salta a presionarles. En este caso, el central temporiza y fija a su adversario, y encuentra al delantero centro Álvaro Morata (9) libre, ocupando el espacio que deja el oponente en el acoso sobre su compañero.

También pueden ser envíos al espacio si el compañero realiza un desmarque a una zona libre y el pase permite al compañero recibir en profundidad en tres cuartos del campo.

El central izquierdo Giorgio Chiellini (3) pisa constantemente la zona del mediocampo en posesión del balón. En la imagen, el central italiano busca un pase al espacio para que sea Mario Mandžukić (17) el que pueda finalizar la jugada.

Por lo que se refiere al posicionamiento y altura de los centrales en el juego ofensivo de la Juventus, como vemos en las diferentes situaciones, es diferente a la que tenían los centrales rossoneros. Sobre todo, jugando con tres centrales, el jugador que juega por derecha o izquierda es capaz de ganar altura en estas conducciones y tener una incidencia mayor en el juego del ataque turinés.

En la imagen vemos lo comentado anteriormente. Los centrales en el planteamiento ofensivo de Max Allegri suelen llegar a zonas avanzadas, sobre todo cuando el planteamiento en el campo es de tres centrales en la primera línea. Chiellini (3) y Bonucci (19) ayudan en la creación y están atentos a una posible pérdida para poder saltar a presionar y evitar el contraataque del equipo contrario.

Por último, en lo que se refiere a los comportamientos por parte de los centrales, la conexión entre estos y los jugadores de la última línea también se da en el momento en el que los centrales filtran pases a estos, logrando estar en último tercio del campo con el balón. Con estos pases, se aseguran no perder el balón en una zona tan peligrosa como es la que ocupan los centrales en esta fase del ataque. Si consiguen conectar con los delanteros mediante este pase, la presión de los medios no surge efecto, ya que el balón les supera y los jugadores de ataque pueden combinar entre ellos más cerca del área o sacar el balón hacia fuera para que lateral, o el extremo realice un centro, o se dé un comportamiento ofensivo en concreto. La línea de medios rival se verá obligada a replegar y a realizar ayudas a la línea defensiva para conseguir evitar que esa acción acabe en una ocasión de gol.

Chiellini (3) en esta acción es el que busca filtrar un pase sobre el jugador alejado, en este caso el interior Arturo Vidal (23), eliminando por completo la presión de la línea de medios y obligándoles a retroceder para ayudar a la línea defensiva de su equipo.

Uno de los comportamientos que se vuelven a dar en los equipos de Massimiliano Allegri es el de atacar por las zonas exteriores. Ante la dificultad de encontrar pasillos interiores frente a equipos replegados, los cambios de orientación son muy frecuentes en el juego de su equipo. El equipo busca situaciones en las que intenta llevar el balón a las zonas exteriores, abrir el campo y hacer que el rival bascule de un costado al otro. Mover al rival hasta que encuentre el lugar donde progresar y hacer daño. Sobre todo, el mediocentro, como jugador más posicional, es el que intentará llevar el balón en pocos contactos hacia el otro extremo del campo. El receptor del cambio de orientación es la mayoría de las veces el lateral o carrilero, jugador con tendencia de ir al ataque. También puede ser un cambio de orientación al extremo, si se da la situación en la que él es el jugador libre y no el lateral/ carrilero, porque este último se encuentra con un rival que en zonas

intermedias, atento para saltar o no a acosarlo; o también, si el balón se encuentró en la zona de creación del campo rival y el extremo puede ser el destinatario de un balón largo que le permita encarar a su oponente o finalizar la jugada.

Los cambios de orientación también pueden ser realizados por jugadores con precisión en esos envíos largos, como puede ser el propio Paulo Dybala, Paul Pogba o Juan Guillermo Cuadrado, o incluso si el delantero centro viene a esas zonas a juntar al equipo y es él quien recibe con un control orientado y lleva el balón al otro costado con un desplazamiento largo, caso de Gonzalo Higuain.

Pjanic (5) siempre apareciendo como pase de seguridad y logrando en esta acción girar la orientación del juego hacia el otro lado, tras una serie de pases entre varios jugadores en el carril derecho. En el otro bando, estará Alex Sandro en amplitud y siendo el hombre libre quien recibirá para progresar en el juego.

También llevan el balón de un costado al otro jugando a pocos contactos y con un ritmo de circulación elevado. Juntando jugadores y apoyos constantes de futbolistas cercanos, generando constantemente líneas de pase entre jugadores a diferentes alturas hasta llevarlo al otro lado. Las triangulaciones entre futbolistas de primera y segunda línea, debido a sus diferentes alturas posicionales, son constantes.

Siguiendo en el camino de encontrar los espacios de progresión por pasillos exteriores, los centrales harán uso de su precisión en los desplazamientos en largo para buscar constantes diagonales al compañero situado en banda contraria. Estos pases permiten al equipo saltar varias líneas de pase para llegar cuanto antes al carril exterior más lejano al que se encuentra en ese momento el central que tiene en posesión el balón. Es otra de las maneras de encontrar al jugador ubicado por fuera más rápidamente y difícil de defender para la línea defensiva o de medios rival que, aunque bascule a gran velocidad, difícilmente llegará el jugador de zona a interceptar o presionar ese balón. Podrá ser interceptado si el balón no va muy tenso o si toma demasiada altura. De esa manera, sí podría ser disputado por el oponente.

La dupla de la selección italiana, Giorgio Chiellini y sobre todo, Leonardo Bonucci, serán los encargados de encontrar a los compañeros libres y mandar un pase con el empeine que podría parecer fácil por la ejecución de ambos pero no lo es.

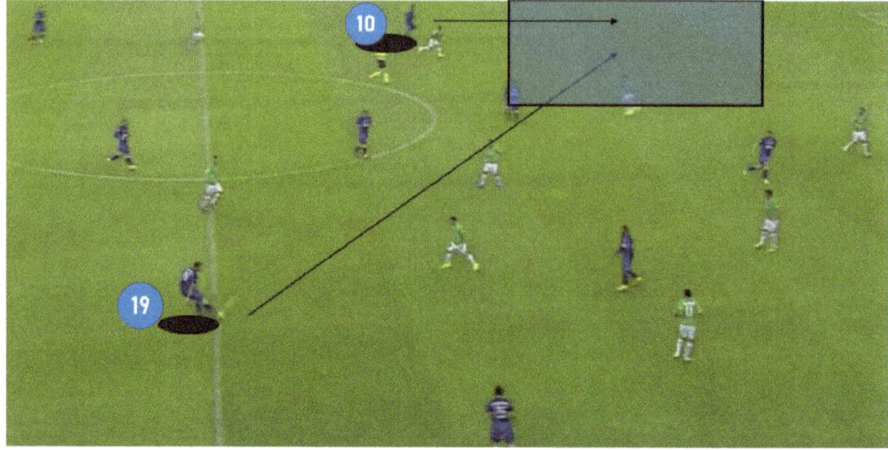

En la imagen aparece una de tantas diagonales realizadas por los centrales de la Juventus de Turín. Leonardo Bonucci (19), en esta acción, lanzando una diagonal a Paul Pogba (10) para aprovechar el espacio libre en el otro costado. De esta forma, salta varias líneas de pase existentes e intenta atacar por la vía rápida.

En carriles exteriores, en función de la situación ofensiva y la zona donde se encuentra el balón, ya hemos visto anteriormente que el jugador que contribuye a nivel ofensivo puede ser el lateral o extremo. Los laterales o carrileros, en función del sistema empleado por el técnico italiano, son todos hechos del mismo patrón. Todos tienen en mente el carril exterior como una zona de subida y bajada constante. De avance y retroceso. Con sus apoyos constantes, su técnica para asociarse y uno contra uno ofensivo, consiguen tener un índice muy alto en el juego ofensivo.

De parecido perfil son sus compañeros en pasillos exteriores: los extremos. Cuadrado y Douglas Costa son dos de los jugadores a los que les gusta venir a recibir en corto y encarar ya en zonas de creación, sin necesidad de llegar a la línea de fondo para buscar el desequilibrio para dejar sentado al rival.

Douglas Costa (11) en una de las acciones frente al Ajax, encarando en la línea de fondo y en la zona de medios, como en esta acción. Jugador desequilibrante, ágil y eléctrico, capaz de sortear a uno o más oponentes que salen a su paso.

En la búsqueda de la alternancia en el juego y siguiendo una de las normas de los equipos de Allegri, como es la de ser un técnico camaleónico capaz de adaptarse a las diferentes situaciones del juego que propone el rival, veremos al equipo ser vertical también en la zona de creación.

No todos los adversarios se encerraban atrás y dejaban a la Juventus elaborar las jugadas ofensivas. También los había que iban más arriba en la presión, dejando espacios a su espalda. Cuando esto sucedía, había determinados jugadores que buscaban un envío largo al espacio para aprovechar esa distancia existente entre su línea defensiva y la frontal del área. El compañero en disposición de pelear por ese balón, siempre intentaba encontrar esos espacios en carrera con desmarques de ruptura, tomando la espalda al contrario o atacando espacios entre lateral–central, para poder controlar y acabar la jugada.

Dependiendo de si la zona de creación es en campo propio o en el campo oponente más cercano a la portería contraria, el balón será más tenso en caso de ser un pase lejano; o más suave, si el pase no tiene que recorrer muchos metros debido a que estamos cerca de la portería rival. En esta serie de pases, Pirlo y Pjanic son elegancia en estado puro en sus acciones.

Pirlo (21) en su versión más quarterback de fútbol americano, haciendo un desplazamiento en largo para el aprovechamiento de los espacios libres por parte de Carlos Tévez (10).

No podemos acabar esta fase del juego sin citar a los dos argentinos que realizan de enlaces la función de conectar el juego de las zonas más atrasadas a las más alejadas. Carlos Tévez y Paulo Dybala, son jugadores que pueden actuar en diferentes posiciones del ataque del equipo. El primero recordando un poco a Robinho en el Milan por su aportación al juego, como delantero centro tiene capacidad de sumar muchos goles. El segundo, jugando como extremo izquierdo, puede desequilibrar a su par y acabar anotando un gran gol apareciendo de fuera hacia dentro con su pierna izquierda. Pero es en la función de enganche, de 10, desde la que generan más peligro y en la que son más determinantes para el equipo. El propio Tévez, en una entrevista concedida a la UEFA en el año 2015, destaca la libertad que le permite el entrenador, Allegri: "Es el motivo por el que mi actuación ha sido mejor este año comparado con el de la temporada anterior".

Son muchos los comportamientos generados con ellos como enlaces:

- Capaces de venir a recibir a zona de interiores y generar superioridades sumando un jugador más al centro del campo en la creación del juego.
- Recibir a espaldas del mediocentro rival o separándose de él para recibir con tiempo y espacio y llevar el balón fuera.
- Bajar altura para sacar a su par de la zona y generar espacios libres.
- Libertad de movimientos en todo el frente de ataque, recibiendo en cualquiera de los tres carriles.

- Recibir entre líneas. Tanto uno como otro se sitúan hábilmente en una posición intermedia, generalmente entre la defensa y el centro del campo contrario, para estar libre y eludir los marcajes.

Tanto Tévez (10) como Dybala (21) separándose de sus rivales en estas imágenes y recibiendo entre líneas. Es uno de los muchos mecanismos y movimientos solicitados por Allegri.

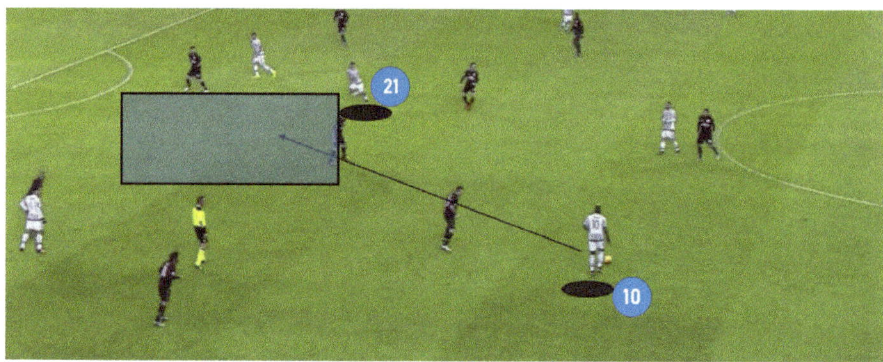

Fase de finalización

La Juventus de Turín durante las primeras cinco temporadas en las que estuvo el técnico italiano dispuso de jugadores de un nivel cualitativo muy elevado, muchos de los cuáles ocuparían la última línea del equipo; es decir, la línea de delanteros. Cinco años dan para mucho y las necesidades del equipo en cada temporada podían ser diferentes. Es por eso que el equipo podía alternar un sistema que ocupasen dos delanteros centro al frente de ataque con otro en el que atacasen con dos extremos y un delantero centro. Como también, según el perfil de jugadores de los que disponía, estos podían ocupar una demarcación, o varias, intercambiando entre ellos la posición en un mismo partido o según lo que requería el partido.

Si hablamos de jugadores de una única posición, en este caso especialistas de la misma, podríamos hablar de Gonzalo Higuaín, Álvaro Morata o Fernando Llorente como referencias de ataque desde la posición del nueve. En posiciones de extremo, también Allegri contó con especialistas como Juan Cuadrado o Douglas Costa, jugadores que pueden actuar en ambos carriles, siendo más habitual verlos a pierna natural. En diferentes posiciones podemos ver cómo la posición del nueve y el diez fue ocupada de manera simultánea por Carlos Tévez y Paulo Dybala, el segundo también participando mucho por el carril. Con el segundo, Allegri siempre valoró su creatividad y dinamismo, y hablaba pensando que podía convertirse en alguien grande para el club : "Dybala tiene una gran capacidad de aprendizaje, es una esponja, basta con mirarle a los ojos, está tremendamente concentrado, tiene mirada de killer, le ves que quiere conseguir su objetivo... Fuera te puedes divertir, porque son chavales, pero una vez que pisas Vinovo es el fútbol lo que tienes que tener en la cabeza".

Por otro lado, Cristiano Ronaldo y Mario Mandžukić podían actuar como delanteros centro o extremos izquierdos con total naturalidad, aportando el remate de ambos como nueves puros, o por banda, con el regate y golpeo de fuera hacia dentro del portugués o los duelos aéreos ganados y el trabajo defensivo del croata.

Del portugués, al cual solamente pudo entrenar durante su última temporada, la de la llegada del luso, siempre tuvo palabras de elogio:

"Cristiano es un futbolista de otra categoría. Maneja diferentes tiempos que el resto. Sabe cómo hacer daño al rival", señaló Allegri a su llegada. Durante 2019, en una entrevista, Allegri aseguró que Cristiano Ronaldo "solo se divierte si gana. Es más fuerte que los demás a nivel mental. Cada día encuentra una meta personal. Es realmente difícil para un jugador que ha ganado lo que ha ganado a los 34 años encontrar un nuevo objetivo. Le expliqué, y esto también se lo expliqué a Ibra, que para él lo divertido es ganar pero que no todos son así. En este sentido, es maniático y por ello es diferente a los demás. En Milan tuve a Ibra, que se enfadaba todos los días si le daban mal un balón. Algo parecido le pasaba a Cristiano los sábados por la mañana, cuando al final del entrenamiento hacemos un pequeño partido. Cristiano se divierte, pero su diversión es ganar el minipartido".

También valoró su incorporación Alessandro Del Piero, historia viva del club, en la gala de los Premios Laureus: "Cristiano tiene la misma mentalidad que la Juventus, quiere ganar todos los partidos, todos los entrenamientos. Es un matrimonio perfecto. Ahora llega el momento más difícil de la temporada y la Juventus necesita al mejor Ronaldo y Ronaldo a la mejor Juve. Ronaldo es uno de los motivos por los que veo algo favorito a la Juventus".

Ofensivamente, el equipo turinés contaba con posiciones dobladas por grandes jugadores y logrando tener durante los noventa minutos a hombres capaces de generar peligro o ganar el partido en cualquier momento. Esto hacía que los rivales se vieran obligados, en muchas fases de los partidos, a defender cerca del área protegiendo la portería, acumulando jugadores en fase defensiva. Para romper estas defensas, el técnico se vio obligado a buscar fórmulas que le permitiesen generar ocasiones y poder perforar la portería contraria. Analizaremos primeramente cómo y quiénes ocupan las esquinas en campo contrario, las zonas de los extremos y, posteriormente, la ocupación de pasillos interiores y el carril central en la última zona.

Nos centraremos primero en los ataques por fuera y, como hemos ido viendo, la Juventus es un equipo más de extremos que el Milan entrenado por el técnico. Pero, no son los únicos que ocuparán zonas en el carril exterior para superar al rival en el uno contra uno o poner un centro al área. Las zonas serían ocupadas nuevamente por los interiores, sobre todo cuando el equipo jugase con dos delanteros y sin extremos, como hizo en el equipo rossoneri. Los interiores, con diferentes funciones en la última zona del campo, ocuparían dichas zonas realizando desmarques desde dentro hacia fuera, picando la espalda del lateral de zona de balón para poder centrar, encarar o incluso finalizar. No siempre recibirían en carrera, sino que también darían amplitud al equipo y recibirían al pie para seleccionar la acción que consideraban más adecuada en ese instante.

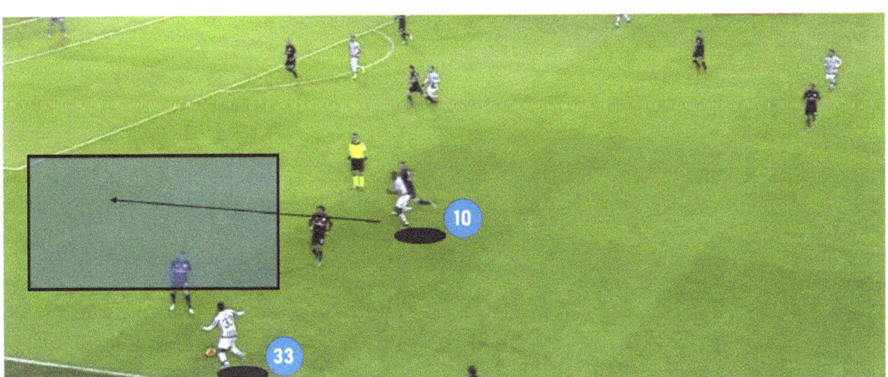

Con el lateral derecho saltando al acoso de su par, el lateral izquierdo Patrice Evra (33) se genera un espacio en zona de extremos que aprovecha muy bien Paul Pogba (10). El movimiento del francés es desde dentro hacia fuera para recibir en carrera al espacio libre.

No serán los únicos en llegar y ocupar espacios libres en zonas de extremos. Los laterales atacan espacios en el carril exterior con desmarques de profundidad, cambiando el ritmo y sincronizando su movimiento con el del pasador para recibir en carrera y poder poner centros precisos a posibles rematadores. Cabe destacar de ellos en la zona de finalización:

- Tienen facilidad para llegar a la zona de los extremos.
- Ejecutan rápido y en pocos contactos.
- Capaces de superar en conducción o con un dribbling práctico al rival.
- Centrando a pierna natural o tras dejar atrás a su par volviendo con el regate, poniendo con pierna no hábil un centro cerrado.

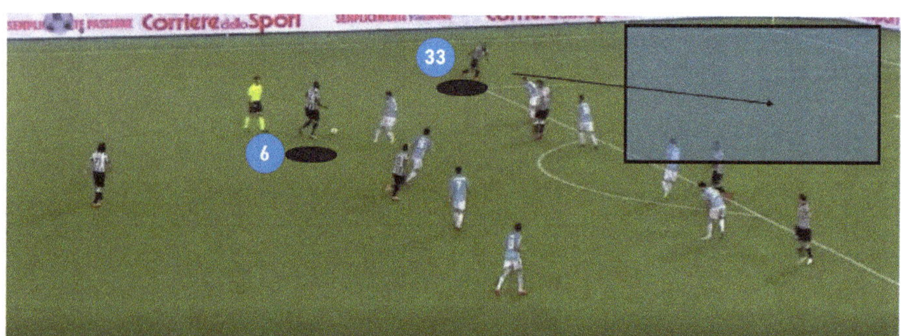

Patrice Evra (33) realizando un desmarque al espacio libre para recibir el pase de Paul Pogba (10) y, posteriormente, centrar a los delanteros que entran al remate.

En los centros al área, como hemos observado, el equipo saca tajada continuamente, ya fuera por sus rematadores, Higuaín, Morata, Mandžukić o Cristiano; o por la llegada de sus interiores, como Khedira, Pogba, Vidal o Bentancur como factor sorpresa desde la segunda línea.

Los interiores son determinantes también ocupando el área rival, siendo capaces de detectar espacios libres y ser la referencia en situaciones de ataque. La mayoría de estas situaciones se dan por el desmarque de ruptura del interior que ataca el intervalo entre los centrales, atacando la espalda del primero, quien no logra verlo para evitar un posible remate del interior, que aparece como factor sorpresa en la jugada de ataque. La segunda línea siempre tenía mucho que decir a final de temporada, consiguiendo un porcentaje elevado de los goles. Claros ejemplos, los comentados anteriormente, con Arturo Vidal realizando prácticamente 50 goles para la Juventus, con récord de 18 en la temporada 2013/14, Sami Khedira con 9 tantos en la temporada 2017/18 o Paul Pogba con 9 tantos en las temporadas 2014/15 y 2015/16.

Paul Pogba (10), interior con una gran llegada al área rival, entra desde muy lejos viendo el espacio generado en la defensa del Manchester

City, que le puede permitir rematar un centro libre de marca si le ponen un balón al espacio libre que ataca en carrera.

Hemos mostrado un sinfín de centros de laterales e interiores en líneas anteriores, pero no todos los balones colgados al área son siempre desde la zona de los extremos, ya que eso haría que el equipo fuera previsible y más fácil de defender en sus ataques. Es por ello por lo que el equipo, desde zonas más atrasadas, pusieran centros medidos a sus compañeros desde zonas exteriores o en pasillos interiores ante la sorpresa de la defensa rival. Estos balones, siempre en dirección a la zona libre entre la línea defensiva y el portero, generaba dudas y eran difíciles de contrarrestar para los defensas, ya que el movimiento que deben realizar desde adelante hacia atrás, y sin perder referencia de balón y de su par, dificulta aún más la tarea de bloquear a los jugadores ofensivos del equipo bianconeri.

Andrea Pirlo (21), siempre preparado para poner balones espléndidos a sus compañeros de ataque. En esta acción el internacional italiano, libre de marca, tiene tiempo y espacio para controlar, levantar la cabeza y mirar dónde poner un balón al compañero mejor situado.

Una vez visto como los laterales e interiores conseguían llegar a la última zona del campo, tanto en el carril exterior como en los pasillos interiores o el carril central, toca ver qué hacen los delanteros centro cuando entienden que son los responsables de buscar la posibilidad de generar la ocasión. Con un cambio de ritmo explosivo y sabiendo cuál era el momento perfecto, los delanteros pican a la espalda de los centrales, preferentemente el primero de la zona de ataque, realizando desmarques de ruptura que le permitan correr hacia el espacio libre y finalizar la acción.

El delantero centro Gonzalo Higuaín (9) es un experto en los últimos metros. No es un delantero con una gran velocidad, pero sí explosivo para aprovechar su arrancada en los últimos metros y poder ganarle la partida al primer central, a quien ataca su espalda, como en esta acción, para recibir el pase de Paulo Dybala (21).

Por último, destacar el potencial del equipo en lo que se refiere a los disparos desde larga distancia. Ante equipos replegados con ocho o nueve jugadores por detrás de balón, siempre es una opción para atacantes y mediocampistas la opción de intentar un disparo lejano para conseguir el gol. Los bianconeri a la que disponían de medio segundo, disparaban a la portería rival. Eso hacía que el rival no pudiera perder la concentración ni un instante, ya que un gol desde esa distancia podía tirar por tierra todo el trabajo defensivo del equipo. En estas acciones, tan importante es la primera intención como la segunda, la de ir al rechace para rematar la acción si el portero no ha logrado bloquear el balón. Conocedores del poder de disparo de sus compañeros, los delanteros van al rebote para empujar una posible segunda acción.

DEFENSA ORGANIZADA

"Bonucci y Chiellini podrían ir a la Universidad de Harvard y dar clases de cómo ser defensa central", afirmaba Mourinho sobre los centrales italianos. Y siguió con "a veces la gente mira a Cristiano o a Dybala, pero en un equipo así también tienes que mirar a Bonucci y a Chiellini. Creo que la Juventus es el tipo de equipo que cuando lo tienes enfrente es muy difícil. La Juventus está a otro nivel de calidad si soy sincero. Un nivel de calidad, estabilidad, experiencia... La base del equipo es debido a que tienen a Bonucci y Chiellini. Eso les permite libertad en ataque porque si pierden la pelota están ellos", aseguró.

Sarri de la Juventus de Allegri: "Con Max, la Juve era muy competitiva. Sabía estar junta en los momentos de dificultad".

Cristiano Ronaldo, una vez compartiendo vestuario ya con Chiellini: "Nunca lo verás darse un lujo o un capricho por su forma de ser. Tiene metas diarias demasiado importantes, todo lo que hace es medido y con extremo cuidado. Para mí es un privilegio tenerlo en el equipo porque incluso, con 34 años, ves en él siempre un deseo de mejorar. Es diferente y podría decirse que es como una gran vida multinacional. Lo único que tienes que hacer con él es que se sienta bien en el equipo, porque luego en el campo es una hiena".

Allegri, consultado por Gianluigi Buffon: "Sobre Buffon no me quedan palabras ya para él. Es un grandísimo portero, está entre los tres mejores de la historia, diría. No deja de sorprendernos... El líder del vestuario es Buffon. Cuando habla sabe encontrar las palabras más adecuadas, las que te llegan. Tiene un carisma tremendo y transmite tranquilidad. Es un fuori classe". Por suerte para el técnico italiano, la admiración es recíproca: "Lo que más me ha impresionado ha sido su inteligencia a la hora de manejar la plantilla. Además de mejorar nuestra calidad técnica, ha mejorado nuestra mentalidad y la moral de todo el grupo. Después de jugar durante unos años con un determinado sistema, ha conseguido darnos alternativas y lo ha hecho paso a paso basándose en nuestras necesidades y dependiendo de las situaciones", eran las palabras del capitán.

Quería empezar esta fase del juego de la Juventus destacando las palabras de personas reconocidas en el mundo del fútbol, como Mourinho, Sarri, Cristiano Ronaldo o el propio Allegri. El triángulo formado por Bonucci, Chiellini y Buffon siempre le dio un plus de seguridad al club bianconeri. Le permitió, como bien dice Mourinho, atacar con cierta libertad que hace que, prácticamente, los compañeros más avanzados no estén preocupados ante una posible pérdida, ya que lo arreglarían ellos sin problemas.

Evidentemente, no todo el trabajo defensivo es solamente suyo, pero si que son nombres que cabe destacar dentro de la fase defensiva. Una fase defensiva que les permitió ser el equipo menos goleado durante las primeras cinco temporadas que Allegri estuvo en el club, ganando las cinco Serie A disputadas. En todas las temporadas recibió menos de 30 goles, excepto en la última. Unas cifras que ayudaron a conseguir los resultados obtenidos.

		Pts.	PJ	PG	PE	PP	GF	GC	TA	TR
1	Juventus	87	38	26	9	3	72	24	75	5
2	Roma	70	38	19	13	6	54	31	106	5

Temporada 2014/15

		Pts.	PJ	PG	PE	PP	GF	GC	TA	TR
1	Juventus	91	38	29	4	5	75	20	92	5
2	Napoli	82	38	25	7	6	80	32	70	2

Temporada 2015/16

		Pts.	PJ	PG	PE	PP	GF	GC	TA	TR
1	Juventus	91	38	29	4	5	77	27	70	0
2	Roma	87	38	28	3	7	90	38	64	1

Temporada 2016/17

		Pts.	PJ	PG	PE	PP	GF	GC	TA	TR
1	Juventus	95	38	30	5	3	86	24	65	1
2	Napoli	91	38	28	7	3	77	29	57	3

Temporada 2017/18

		Pts.	PJ	PG	PE	PP	GF	GC	TA	TR
1	Juventus	90	38	28	6	4	70	30	76	4
2	Napoli	79	38	24	7	7	74	36	72	5

Temporada 2018/19

Imágenes de BDFutbol

Dónde realiza la presión y conceptos defensivos a destacar

La Juventus era un equipo que conseguía mantener la portería a 0 en muchos de sus partidos. Allegri gestionaba muy bien los 90 minutos del partido, haciendo que el equipo, durante los diferentes tramos de partido y según el resultado, pudiera ser agresivo en la presión y recuperación del balón; mientras que en otros pasajes pudiera bajar el ritmo con ayudas defensivas y manteniendo las diferentes líneas muy juntas recuperando energía.

Son dominadores de muchas situaciones defensivas:

- Capaces de ir al corte y recuperar el balón, ya que tiene jugadores atrás con velocidad y que saben el momento justo en el que temporizar o ir al acoso, sabedores de que lograrán ser vencedores de esa situación.

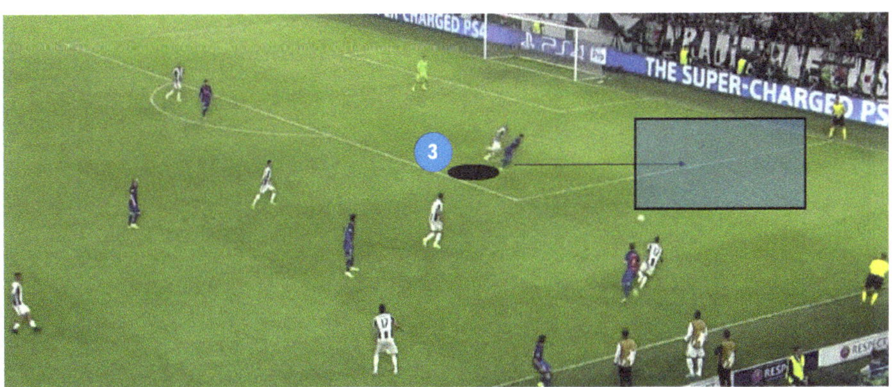

El central izquierdo Chiellini (3) es rápido al corte. Siempre atento con su marca para acelerar y ganar un segundo a su rival para anticiparlo y evitar que se haga con el control del balón.

- Se anticipan a su adversario, yendo a por el balón de forma agresiva y ganando la partida a su oponente.

En esta ocasión, el contrario rechaza el balón e intenta conectar con un compañero. Chiellini (3), atento realizando una vigilancia defensiva, es capaz de leer la jugada y anticiparse al oponente para que se haga con el balón e inicie la jugada de ataque.

- Dominadores de duelos, destacando los duelos aéreos, donde el porcentaje de duelos ganados es muy alto. Estos duelos los ganan en saques de portería rival o desplazamientos en largo. Sin olvidar que el equipo jugaba en muchas ocasiones con las líneas muy adelantadas, y estos envíos tenían la dificultad de que había que defenderlos en carrera y hacia atrás replegando, cuando el rival lo hacía hacia delante, y eran capaces de sincronizar la carrera con el salto para que sea un compañero el que tome ese duelo e inicie la jugada de ataque.

Dani Alves (23) en un repliegue va a la disputa para conectar con un compañero e impedir que el adversario se haga con un balón al espacio, que le permita acabar en ocasión de gol. Alves domina estas acciones, ya que en el Barcelona también jugaban con las líneas muy adelantadas.

- Fuertes defendiendo el área. Siempre intensos y concentrados en los centros al área, tanto rasos como colgados; y a las segundas jugadas, dentro o fuera del área, para impedir el gol del oponente. Todos son partícipes de ello.

- La portería. Donde no logran llegar el resto de los compañeros, llegan Gianluigi Buffon o Wojciech Szczęsny. Todo un seguro atrás.

En cuanto a las zonas de presión, como hemos indicado, dependiendo del contexto del partido, si van ganando o perdiendo, si la eliminatoria está a favor o en contra, si juegan de local o como visitante; puede que el equipo la realice a una altura u otra. Aunque, generalmente, durante todos los partidos alternan diferentes zonas de presión, siendo la presión alta y la presión en bloque medio las más utilizadas con unos porcentajes más altos.

La presión avanzada, o también denominado defensa en bloque alto, la realizan en diferentes momentos: a menudo, en el momento de saque de meta rival, con diferentes matices; cuando el equipo está en bloque medio y pasa a un bloque avanzado.

En el momento del saque de meta hay que comentar los siguientes matices:

- Existen varias disposiciones defensivas. En algunas, hay juego de pares; es decir, cada uno establece marcaje al hombre 1 contra 1 con un rival. En otras, los jugadores cercanos a la zona del balón marcan al hombre, los de zona intermedia lo hacen en presión en intermedias; es decir, entre dos jugadores, y jugadores de primera línea marcan a su par y/o realizan una cobertura porque se encuentran libres de oposición.
- Suelen liberar a jugadores exteriores; es decir, el lateral o jugador de banda rival suele ser el jugador que se encuentra como hombre libre. Tras pase a ese jugador por parte del portero, el lateral de la Juventus se muestra agresivo en su disputa para evitar que el oponente prolongue o se haga con el balón.
- Otra opción es la de liberar al lateral o central en primera línea de su juego ofensivo. Dan opción de primer pase y una vez que el jugador se encuentra en el carril exterior, orientan e intentan que este no gire la orientación del juego, robando en ¾ de campo u obligando a desplazar e intentar ganar esta acción con el central o el lateral.

Si el equipo se encuentra en bloque medio y el rival da un pase atrás para realizar el juego de posición desde el portero, el equipo en bloque gana metros para evitar que inicien con facilidad. Un jugador saltará hacia el portero, tapando línea de pase con el central, y los compañeros buscarán al más cercano y que sea el posible receptor en la creación de la jugada para evitar su progresión.

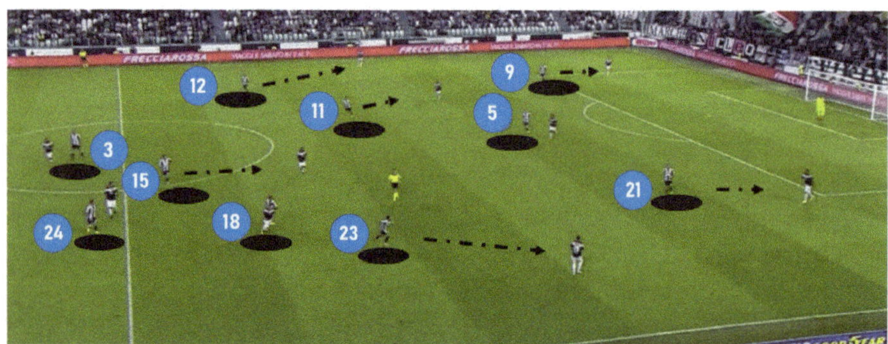

En esta instantánea vemos a la Juventus apretando en bloque alto al adversario, con Alex Sandro (12) y Dani Alves (23) invitando al portero a que busque un pase a sus laterales, que parecen ser hombres libres, pero serán apretados nada más al salir el balón de su pie. Los delanteros Dybala (21) e Higuaín (9), más Pjanic (5), cerca de sus pares. Los interiores se acercan o alejan de su par en función de hacia dónde va el lanzamiento de balón. Atrás, últimos jugadores marcan al hombre ante una posible prolongación.

Por lo que respecta al bloque medio y al bloque bajo o replegado, hay algo que tienen en común y son las estructuras. El equipo, en un tipo de presión u otro, siempre manifiesta la estructura que el míster buscaba en ese partido. No alteran la estructura, sea la del 1-3-5-2, el 1-4-4-2, el 1-4-3-1-2, el 1-4-3-3; siendo las dos primeras las que más utilizaba en su fase defensiva.

La diferencia se encuentra en el objetivo de una u otra presión. En el bloque medio el equipo intenta evitar la progresión rival y, en menor medida, que el bloque avanzado intente generar el contraataque estando ya a medio camino de la portería contraria. Defendiendo en bloque bajo, el equipo bascula de un costado a otro, acumula jugadores en el carril central, haciendo difícil la conexión a través de los pasillos interiores; tiene muy marcados los puntos de presión e intentan recuperar el balón o que el contrario se precipite, provocando una pérdida que acabe en manos de portero, saque de banda o el robo.

Tienen en común que los delanteros suelen flotar, no acostumbran a apretar a centrales en la salida del balón, ya que son los encargados normalmente de tapar/prohibir el pase con el mediocentro o pivote más organizador. A los centrales del equipo rival, generalmente, le salta el interior de la zona, tapando la línea de pase. Por fuera, al lateral le salta el jugador de banda o el interior de banda, dependiendo del sistema empleado. Por dentro, los interiores tendrán su par/referencia, sobre el cual acosarán cuando les llegue el balón. Los laterales se ocuparán de los jugadores de banda contraria y los centrales de los delanteros, a quiénes no permitirán respirar si son receptores, ya que tras el pase les acosarán hasta que jueguen con un compañero o les roben el balón.

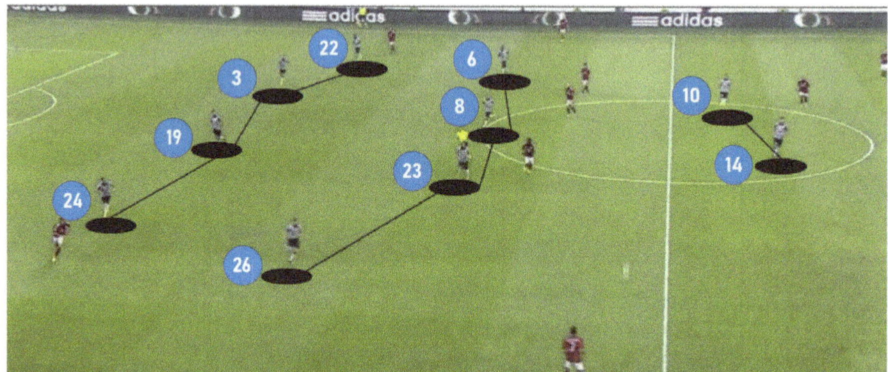

Estructura 1-4-4-2 en bloque medio. El equipo en muchas ocasiones en ataque se disponía en 1-3-5-2 pero en fase defensiva pasaba a ser dos líneas de cuatro, como vemos en el partido frente al Milan.

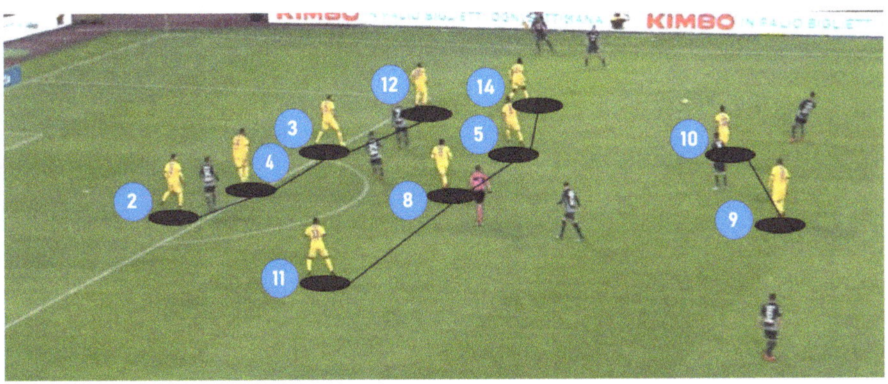

Misma estructura que en bloque medio, pero con las líneas mucho más juntas, bloque más estrecho, basculaciones hacia la zona activa en bloque. Acumulando muchos jugadores por detrás del balón y dificultando que el rival, el Napoli en este caso, pueda encontrar a sus jugadores más avanzados entre líneas y puedan generar una ocasión de gol.

TRANSICIÓN DEFENSA-ATAQUE

Las transiciones se han vuelto imprescindibles en el fútbol actual. Es por ello por lo que muchos entrenadores hablan del juego a partir de ellas, de su importancia en el resultado final.

Para Klopp, "el fútbol se trata de emoción y velocidad. Es un juego de transiciones".

Guardiola, también destaca los momentos con y sin balón: "No puedes ser brillante individual o colectivamente, si desapareces cuando tu equipo no tiene la pelota. Es imposible. El fútbol es una conexión entre lo que tienes con el balón y sin el balón".

Simeone va un paso más allá, y habla de su estilo y de la esencia del club basada en el contragolpe; es decir, de las transiciones rápidas: "Cuando volví a Madrid dije que quería redescubrir la esencia del club: un equipo (el Atlético) que siempre fue agresivo, intenso, competitivo, de contraataque, vertical. Y por eso implementamos este estilo de juego desde el primer día que llegamos".

Teniendo presente estas ideas de otros entrenadores europeos, nos acercamos a la Juventus de Turín de Allegri que cambia un poco en relación con su anterior equipo. En la Juventus de Allegri hay varias opciones en el momento de recuperar el balón. Una es saliendo rápido y siendo vertical; la otra, la de robar, aclarar y empezar el juego de posesión.

Empezaremos hablando de la primera. Sus equipos, como hemos ido mostrando, tienen jugadores rápidos, creativos, verticales y algunos "todocampistas". Con este sinfín de posibilidades, el equipo, desde cualquier zona del campo, es capaz de contragolpear y en pocos pases acabar con una acción de finalización. Cuenta con jugadores con una calidad tremenda, capaces de recorrer muchos metros e incluso generar la ocasión por ellos mismos.

Diferenciaremos las zonas de recuperación y transición, ya que no se dan los mismos mecanismos. En la zona de inicio y creación, cuando la transición se intenta hacer lo más rápido posible, hay jugadores clave. Estos son los que reciben el pase como alejados o en posiciones intermedias (excepto si son ellos mismos los que recuperan el balón). Tras sacar el balón de la zona de recuperación para montar el contragolpe se necesitan pocos pases para encontrar a estos jugadores, que son capaces de recorrer muchos metros, haciendo retroceder al rival hasta cerca de su portería y finalizando la jugada o encontrando a un compañero próximo para que él remate. Con este tipo de futbolistas, los equipos de Allegri consiguen ser peligrosos, incluso recuperando el balón en zonas muy cercanas a las de su propia portería, cosa que en su anterior club no le permitía por el perfil de jugadores de los que disponía.

En la zona de finalización o zona de creación avanzada, aún son menos los jugadores que intervienen en las acciones de ataque, y también desciende el número de pases entre ellos. En uno, dos o tres pases finalizan la jugada, aprovechando el error del contrario.

Es en el libro de Robert Moreno, "Mi receta del 4-4-2", donde se recogen varias pautas importantes según la zona de recuperación previa a la transición ofensiva:

RECUPERACIÓN EN LÍNEA DEFENSIVA O DE MEDIOS	***RECUPERACIÓN EN LÍNEA DE PUNTAS***
- Sacar rápido el balón de la zona de recuperación - Buscar hombres alejados - Aprovechar espacios libres en zonas alejadas - Cambiar de carril en la progresión - Fijar y pasar - Dar apoyos a la altura del balón - Buscar los espacios libres alejados - En la medida de lo posible dar amplitud y profundidad - Dominar la VP (Visión periférica) - Progresión del bloque manteniendo las distancias	- Generar situaciones de 1 contra 1, 2 contra 1 - Aprovechar espacios libres en zonas alejadas ocupados por jugadores de segunda línea - Progresión directa a portería - Fijar y pasar - Dar apoyos a la altura del balón - Dominar la VP (Visión periférica) - Progresión del bloque manteniendo las distancias

Apareciendo como concepto, veremos en algunas situaciones el cortar-pasando, que es el momento en el que el compañero es capaz de recuperar el balón interceptándolo pero sin la intención de quedárselo, ya que lo que intenta con este es cortar y pasar, acelerar la jugada y que el balón, con un solo contacto, ya esté en posesión de compañeros más avanzados.

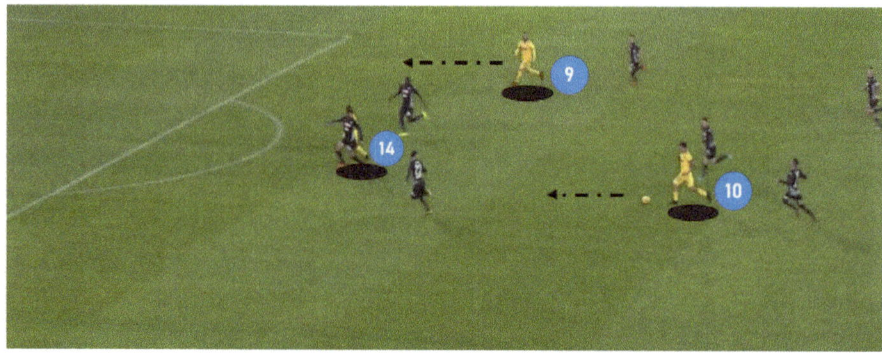

Paulo Dybala (10) en una conducción larga tras recuperar su equipo el balón y creando un ataque rápido. Matuidi (14) e Higuaín (9) le acompañan. Este último será quien reciba y anote.

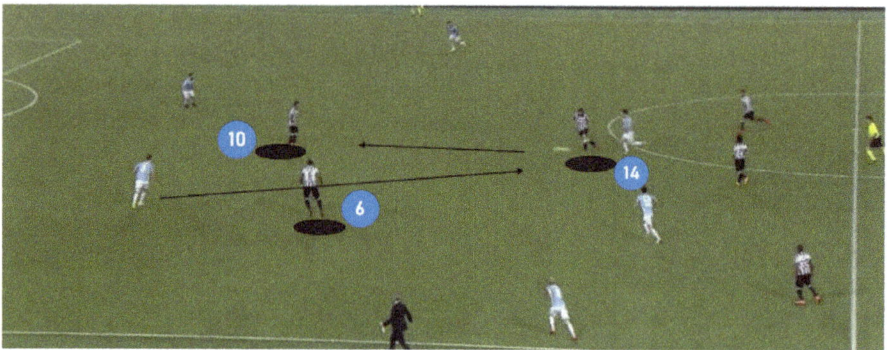

Lazio falla en la salida del balón un pase que le permite a Fernando Llorente (14) recuperar el esférico y en vez de quedárselo, juega de primera con Carlos Tévez (10) y le permite con un pase, cortando-pasando, estar cerca de crear una ocasión de gol.

Como hemos comentado, por otro lado, el equipo no siempre recupera y realiza un ataque vertical. Si el equipo recupera en la zona de inicio y la zona de creación, y cree que no tiene suficientes efectivos adelante para montar la contra, aclara y saca el balón de la zona de recuperación para no volver a perderlo, encontrando al hombre libre para empezar el juego de posesión. A esto lo llamaremos dar un pase de seguridad, un pase que nos permita no perder el balón de nuevo. Estas situaciones se dan cuando el adversario tiene muchos jugadores por detrás del balón, en un posicionamiento replegado, lo que dificulta o imposibilita una transición rápida correcta, ya que no existen los espacios a aprovechar.

TRANSICIÓN ATAQUE-DEFENSA

Teniendo presentes las zonas de posesión del equipo turinés, en relación con las zonas donde los rivales les presionaban, podemos ver cómo las zonas de pérdida de balón son muy parecidas a las que se encuentra Allegri en su Milan; es decir, en el último tercio o en zona de creación. Sin embargo, los mecanismos en esta fase del juego cambian respecto a aquellos años en el banquillo de los rossoneri.

En Milan, la premisa incondicional era el repliegue. Repliegue a toda velocidad, reorganización defensiva, volver a equilibrar al equipo de forma defensiva. Los cercanos podían impedir progresión o incluso parar el juego. Pero en la Juventus, a parte de este tipo de manifestación a partir de la pérdida, se da otra muy común en Europa que es la presión tras pérdida.

La presión tras pérdida es un concepto muy trabajado en Alemania, también conocido como gegenpressing. Se denominó gegenpressing a presión, robar y correr; es decir, nada más perder el balón, presionar de la manera más agresiva posible para lograr robar el balón lo más rápido posible y correr. En conclusión, ser lo más verticales posible una vez que logro recuperar el balón. Por lo que perder el balón en las zonas cercanas, si realizas una buena presión tras pérdida, puede ser más que atractivo para tu equipo. Un entrenador que es conocido por este tipo de presión es Jürgen Klopp, ya que lo llevó a su máxima expresión en su etapa en el Borussia Dortmund. Él mismo hablaba sobre el gegenpressing.

"El mejor momento para ganar la pelota es inmediatamente después de que tu equipo la haya perdido. El oponente todavía está buscando hacia dónde pasar la pelota. Si ha recuperado el balón es porque previamente habrá gastado energía, ya fuera realizando una entrada, un repliegue... y esto hace al nuevo poseedor vulnerable. Mi equipo debe aprovechar ese cansancio.

Si recuperas el balón en la parte alta del campo y cerca de la portería, es solo un pase, y ese pase se convertirá en una oportunidad realmente buena la mayoría de las veces.

Ningún creador de juego en el mundo puede ser tan bueno como una situación de recuperación tras presión tras pérdida en la zona de tres cuartos".

Adentrándonos en los momentos de transición defensiva del equipo de Massimiliano Allegri, debemos tener en cuenta esta serie de situaciones/manifestaciones que se dan:

- Si la pérdida de balón es en zona de inicio o creación, la línea defensiva retrocede hasta la frontal del área, tapando la portería y obligando al poseedor del balón a jugar hacia el carril exterior. Si el jugador no tiene oposición y conduce, nunca saltar antes de llegar cerca de la frontal, a no ser que tengamos muy claro que el poseedor de balón no domina el balón o se le vaya larga la conducción, por ejemplo; ya que podríamos generar un espacio libre y/o liberar a otro oponente, quizás más peligroso en caso de recibir.

- En caso de repliegue, no solamente será llevado a cabo por la línea defensiva, sino que todos deben volver al 100% para poder estructurarse cuanto antes y tener igualdad o superioridad numérica.

- Siempre hay un jugador, el cercano a pérdida o el que recibe el primer pase, que siempre sale al acoso para intentar robar o impedir su progresión. Si consideran que puede ser una ocasión de gol porque tenemos inferioridad numérica, por la zona del campo donde se pierde, si hay muchos metros con respecto a nuestra portería en zona de pérdida; no obsesionarse con recuperar el balón inmediatamente. Incluso, se puede hacer falta para evitar el avance si es irremediable porque es un 2 contra 4 o un 3 contra 5, por ejemplo; o porque el que conduce el balón es muy superior al resto cualitativamente. Se para el juego y el equipo se reorganiza.

- Importancia de la línea defensiva y el mediocentro con respecto a sus rivales; siempre en vigilancia ofensiva, ya que tras la recuperación del adversario muchos equipos juegan con alejados y estos nunca pueden recibir sin marca, ya que podrían girarse y organizar el contraataque.

- Presión tras pérdida o gegenpressing: jugador que pierde el balón o el cercano del rival que lo recupera, presiona para evitar que juegue con algún compañero. Los cercanos buscan posibles receptores para tapar esa línea de pase. Este pressing lo ejecutan sobre todo en zona de finalización. Si recuperan se vuelven muy peligrosos, ya que el rival no espera volver a defender un balón de forma inmediata y pueden haber espacios y hombres libres para finalizar la jugada. La capacidad de reacción y el cambio de rol son muy importantes en este tipo de situaciones. Vidal y Pogba son jugadores que la ejercían perfectamente, recuperando muchos balones que impedían contraataques contrarios.

En esta imagen se reproduce lo que comentamos, anteriormente, cuando un rival tiene el balón y sale en conducción para armar el contragolpe. Bonucci (19), cercano, intentará evitar una progresión de este y el resto replegarán a máxima velocidad para tratar de ayudar en defensa y organizarse de nuevo. Marchisio (8), Vidal (23) y Cáceres (4) cambian el rol y pasan a tener una actitud defensiva de inmediato.

Lemina (18), Dybala (10) y Dani Alves (23) cambien el rol tras perder el balón y saltan al poseedor y los cercanos para tratar de recuperar el esférico cuanto antes.

ACCIONES A BALÓN PARADO OFENSIVAS

En un fútbol cada vez más estudiado e igualado en cuanto al nivel de los equipos, las acciones a balón parado son fundamentales para cualquier equipo que compita y quiera obtener como resultado final la victoria.

La Juventus de Turín de Allegri domina las acciones ofensivas a balón parado. Es un equipo capaz de marcar las diferencias y desencallar partidos que se presentaban complicados de sacar. Destacamos las siguientes acciones: saque de centro, faltas directas, faltas frontales o laterales, saques de esquina.

El saque de centro de la Juventus lo realizan buscando la portería rival por la vía rápida. La intención del equipo es jugar con uno de los centrales que tengan un preciso desplazamiento largo, como Benatia o Bonucci. Juegan con ellos y estos controlan el balón, preparando el posterior golpeo en largo. La intención, aunque no siempre vaya a esa zona, es intentar llevarlo al carril exterior para que, ante una posible pérdida, el adversario no lo tenga fácil para realizar el contraataque. A esa zona donde va el balón irán 4-5 jugadores, uno a la disputa y el resto a la segunda jugada, ya sea a la caída o a la pasada para, una vez que se hagan con el control del balón, estar ya en último tercio del campo y finalizar la acción. Como alternativa si el delantero saltaba hacia el central que recibe para enviar en largo, este jugaba con el lateral y se la devolvía, ya sin oposición, para lanzar a la zona pretendida inicialmente. Con este saque, el equipo envía un mensaje claro al oponente y es el de buscar la portería contraria desde la primera jugada del partido.

Bonucci (19) enviando un balón que irá al carril exterior para que los compañeros ganen la disputa y la segunda jugada en el último tercio. Un equipo ofensivo desde la primera acción del partido.

En relación con los golpeos de falta directa, en el equipo siempre hubo jugadores de talento con buen pie lanzando faltas, como Pirlo, Tévez o Dybala y otros que buscaban menos precisión y más potencia, como Pogba, Cristiano Ronaldo y Bonucci. Tanto unos como otros anotaron goles de bella factura.

En general, Allegri propone un equipo que hace mucho daño en jugadas ensayadas a balón parado, tanto de saque de esquina como en jugadas de falta frontal o lateral. Las faltas podrían ser colgadas al área para que sean rematadas por algún compañero, como también buscar alguna alternativa como un pase a una zona desprotegida por el rival o un pase atrás para definir. En cuanto a los saques de esquina, pueden colocarse uno o dos jugadores en la zona del saque; y cuando son dos, a veces primero juega con un segundo jugador o no. También pueden dar un pase a un compañero que está lateralizado en la zona frontal del área para, posteriormente, tirar un centro o rematar directo a portería. Se ven muchos goles entrando al pico del área pequeña del primer palo y otros muchos rematando al segundo completamente libres de marca, atacan a diferentes alturas con jugadores poderosos, lo que hace complicada su defensa. Son muchas las variantes.

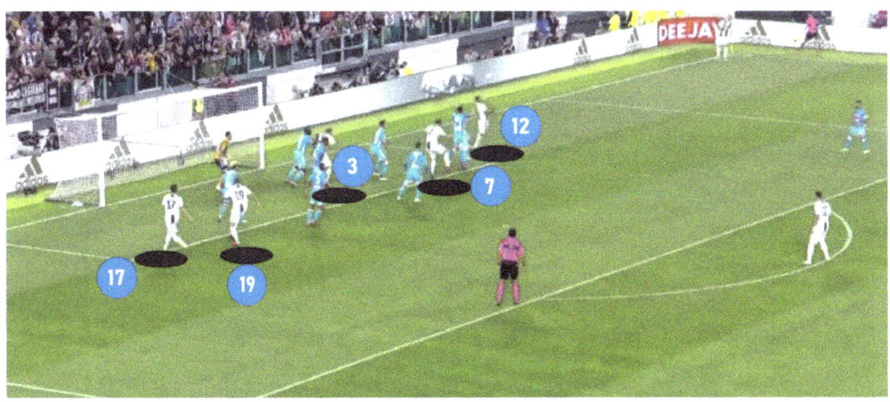

Cinco jugadores al remate, todos ellos a diferentes alturas y poderosos físicamente, lo cual los hace difíciles de parar. El balón no suele ir directamente al segundo palo, pero si el remate en el primero iba cruzado, los que atacaban al segundo palo podían marcar.

En la imagen anterior vimos un lanzador. En esta imagen siguiente se ve como Dybala (21) y Pereyra (37) se colocaban en la zona del saque de esquina. Dybala en esta acción pone el balón al área, pero no siempre es así.

ACCIONES A BALÓN PARADO DEFENSIVAS

Comportamientos en saques de esquina

En los saques de esquina defensivos comparten consignas y posiciones el Milan y la Juventus de Massimiliano Allegri. La primera y más clara es que predomina también en los bianconeri una defensa de marcaje combinado.

Si es un saque de esquina directo; es decir, cuando el lanzador ejecuta el córner directamente al área, predominan las diferentes funciones:

- 1 o 2 jugadores en zona en el área pequeña.
- 1 jugador al balón. Este compañero no tiene una referencia rival, sino que irá hacia donde vaya balón para intentar despejar.
- Entre 5 y 6 marcas individuales para defender cada uno a su par.
- 1 jugador en la zona de saque para restar visión al lanzador e intentar rechazar el balón si fuera posible.
- 1 o 2 jugadores en frontal del área grande esperando un posible rechace.

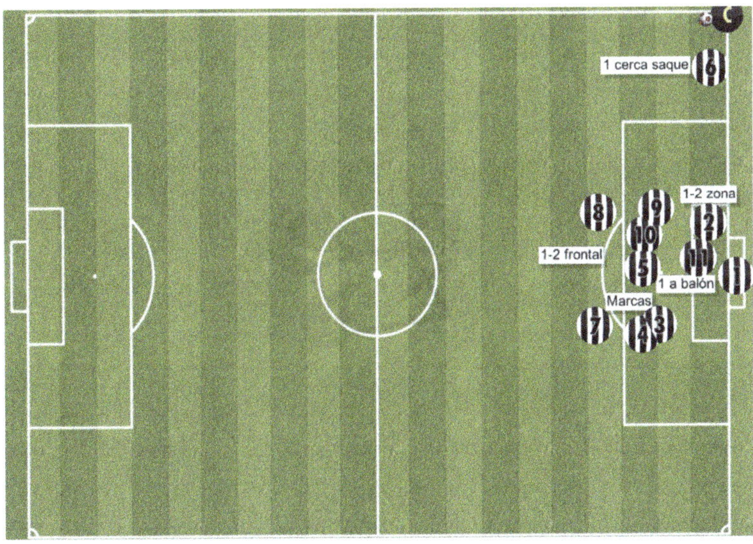

Bianconeri en las posiciones donde defienden los saques de esquina

Si en el saque de esquina el equipo oponente dispone de dos jugadores en el saque, irán 2 de la Juventus para igualar y evitar el 2 contra 1 defensivo. Indistintamente de la zona donde se coloque el segundo jugador, habrá dos jugadores defendiendo esta acción, uno frente al lanzador y el otro cerca del segundo, ya sea desde el saque de esquina o alejado de este.

Comportamientos en faltas

Para comentar el apartado de disposición táctica en faltas defensivas, debemos diferenciar entre las faltas más alejadas de las más cercanas a su portería.

Si la falta es lejana, la disposición de los jugadores era la siguiente:

- 1 jugador en barrera, intentando interceptar el balón.
- Jugadores que marcan, fijan el límite en la frontal del área grande, hasta que el lanzador ejecuta la falta y es cuando entran para defenderla con su referencia. Pueden estar todos juntos en una misma zona o distribuidos en 2 zonas, según la ocupación de jugadores del equipo rival a la hora de entrar al remate.
- 1-2 jugadores libres para ir al balón a despejar.
- 1 jugador en frontal o con algún oponente que pueda recibir del lanzador y sea el posible receptor.

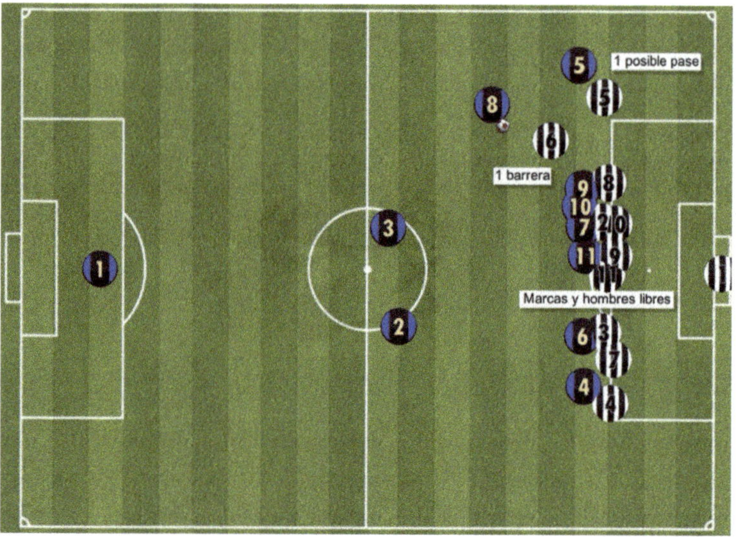

Si la falta que será colgada es cerca del área, ya sea en el pasillo central o en el carril exterior, se disponen de la siguiente manera:

- 2 jugadores en la barrera, debido a que el lanzador tiene más peligro en caso de lanzar a portería.
- Jugadores con marca y libres a balón, a la altura de la barrera.
- 1-2 jugadores en la frontal o con algún oponente que pueda recibir del lanzador y sea un posible receptor.

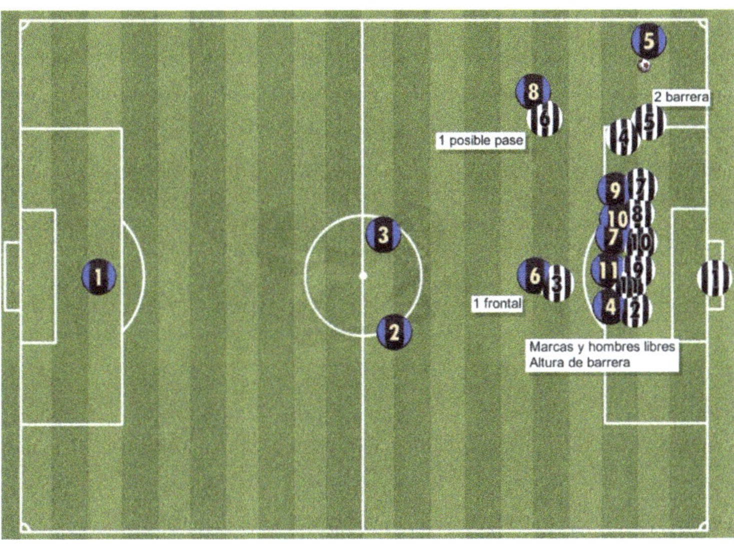

2 barrera
1 posible pase
1 frontal
Marcas y hombres libres
Altura de barrera

JUVENTUS 2.0

"Para mí es como la primera vez. Estoy ansioso. Comencé de nuevo con emoción y alegría, como cuando empecé a entrenar. Estoy con un grupo joven y de calidad, que complementará al primer equipo. Es un nuevo ciclo, y por eso pensamos en el futuro.

Hay muchos jóvenes que le darán valor agregado al club. Y también jugadores de experiencia quienes serán ejemplos para los más chicos.

Comienza un nuevo ciclo y lo que pasó ya es historia. Tenemos nuevos objetivos. Estoy orgulloso que la Juventus me haya llamado de nuevo y que los fans me muestren su cariño, pero desde el 22 de agosto deberemos conseguir puntos. El ADN de la Juve se compone de trabajo diario. Llegué a un equipo que ganó tres títulos en dos años, se hizo un buen trabajo.

Hay mucho potencial y por eso trabajaremos cada día. Elegí la Juventus y para mí es una gran responsabilidad. Estoy agradecido al club por la posibilidad de regresar a entrenar y a ganar".

Massimiliano Allegri en su presentación como nuevo entrenador de la Juventus,

martes 27 de julio de 2021

P-4-4-2 COMO SISTEMA TIPO

La Juventus de Turín ha iniciado el nuevo curso en base al sistema P-4-4-2 en línea, sobre todo en el plano defensivo.

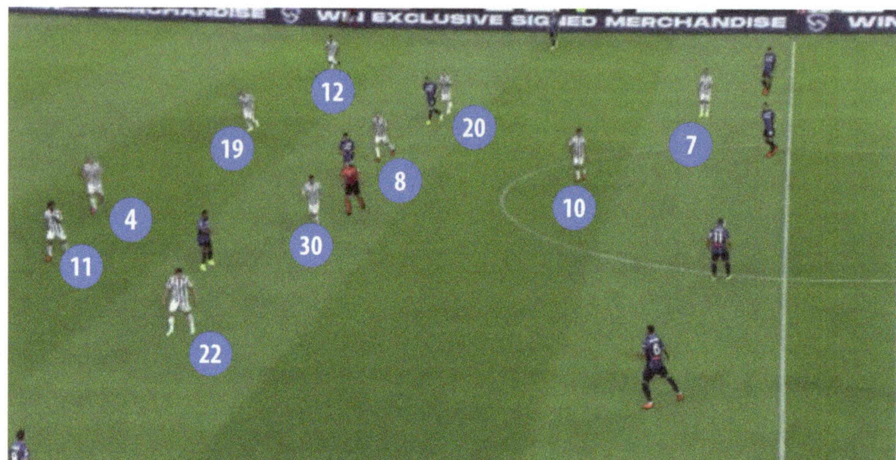

En fase ofensiva, el equipo se mueve en otros sistemas, en función de los jugadores que estén en ese momento en el terreno de juego.

Como vemos en la primera imagen contra el Udinese, el equipo se dispone a atacar sobre un P-2-3-2-3, con Morata (7) y Dybala (10) ocupando carril central, con Cuadrado (11) en amplitud y todo el carril izquierdo para las ofensivas de Alex Sandro (12).

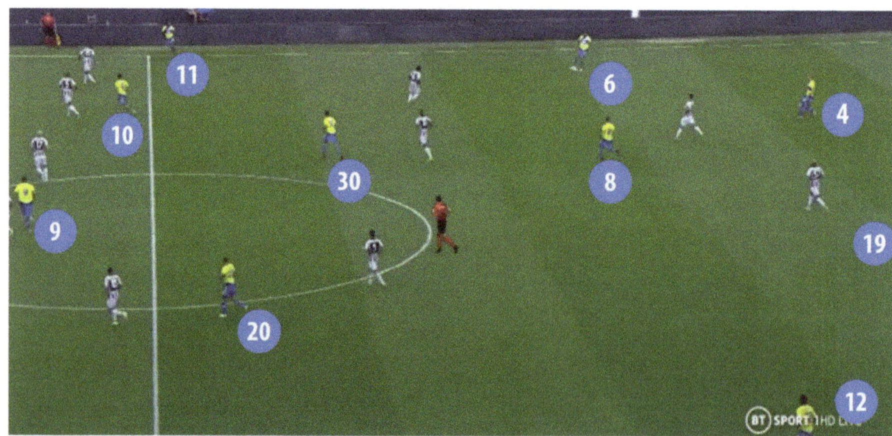

En esta segunda imagen contra el Malmö, el equipo en ciertos momentos atacó en un P-3-1-4-2, con Danilo (6) junto a De Ligt (4) y Bonucci (19) en la base, Locatelli (27) en la construcción, Rabiot (25) y Bentancur (30) por dentro con Cuadrado (11) y Alex Sandro (12) a la misma altura de interiores, y Morata (9) y Dybala (10) como referencias en ataque.

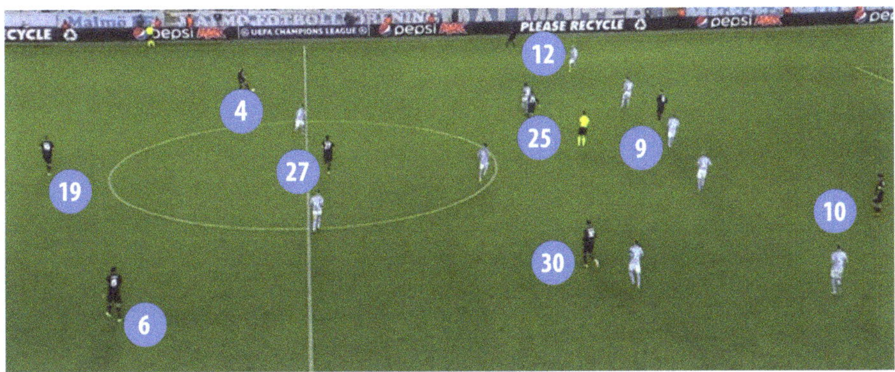

MEZCLA DE VETERANÍA Y HAMBRE EN EL PLANTEL

La plantilla destaca por su equilibrio entre jugadores contrastados, con ganas de seguir ganando, y jugadores de gran potencial con hambre y ambición por ganar en uno de los mejores equipos europeos.

La Juventus siempre destacó a nivel defensivo por su dupla Bonucci–Chiellini, a la que se sumó De Ligt desde el Ajax de Ámsterdam, en verano de 2019, tras demostrar en la Champions League de aquel curso que será uno de los centrales más imponentes de la próxima década.

En el centro del campo, Bernardeschi, Rabiot y Bentancur toman galones en el equipo pese a su juventud, mezclándose con Locatelli, recién fichado de Sassuolo, el brasileño Arthur, o el estadounidense Weston McKennie. Entre todos ellos deberán llevar la iniciativa del juego frente a muchos de los rivales con los que se enfrentarán frecuentemente en bloque medio-bajo.

Arriba el arsenal ofensivo es de un nivel excelente. Dybala ejercerá de líder al frente del ataque, capitaneando el equipo junto a Chiellini. Chiesa será otro de los referentes en ataque desde las bandas. El jugador italiano, que viene de realizar grandes temporadas y una espectacular Euro 2021 con la selección azzurra, lo tiene todo para ser un arma letal para el equipo turinés. Álvaro Morata será el delantero centro titular, compitiendo por el puesto con Moise Kean, que vuelve tras su paso por el Everton y el PSG. Dejan Kulusevski, llegado en 2020 desde la Atalanta de Bérgamo, es otro de los nombres importantes para Allegri a la hora de generar peligro a los rivales. Entre todos deberán hacer olvidar a Cristiano Ronaldo, quien vuelve al Manchester United tras anotar 101 goles en 134 partidos con la Juventus de Turín.

FASE DEFENSIVA

El conjunto de Massimiliano Allegri se ha mostrado un equipo ofensivo, donde ha llevado la iniciativa del juego siempre para conseguir el gol que lo ponga por delante en el marcador o, en caso de derrota momentánea, le permita darle la vuelta al resultado.

Es por ello que, en la mayoría de los partidos, los blanquinegros han realizado fases de presión avanzada o en bloque medio, mostrando su intención de robar en campo rival y generar un nuevo ataque cuanto antes.

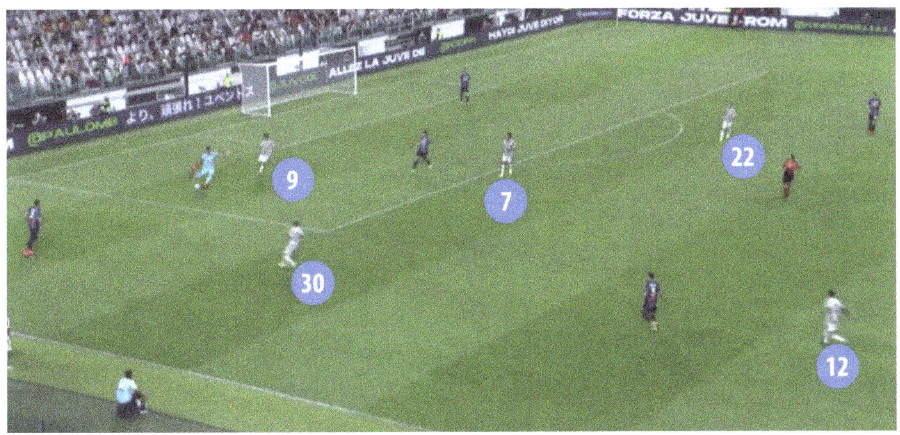

En la imagen anterior, Morata (9), delantero centro, deja a su par y orienta al portero para intentar que jueguen fuera y robar, pero este acaba enviando un balón largo sobre la última línea debido a la presión del atacante.

Sin embargo, con resultado a favor, el equipo ha mostrado otro registro, situando a los once jugadores en campo propio, defendiendo en bloque bajo, con el objetivo de no encajar gol y llevarse la victoria. Con el bloque junto y las dos líneas de cuatro basculando y cerrando espacios interiores para evitar la progresión del rival.

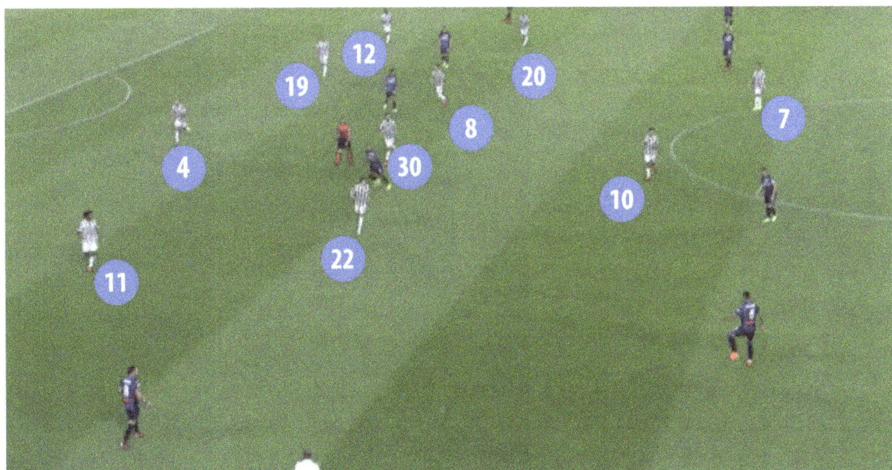

TRANSICIONES OFENSIVAS

Al contraataque se han convertido en una de las amenazas para los rivales. Con Morata galopando, Dybala como enlace y Chiesa como aparición desde la segunda línea, el equipo ha encontrado una manera de atacar al rival los espacios que deja en su fase ofensiva.

Tanto en la transición defensa-ataque, con el equipo en bloque bajo defensivo, como en reinicios o defensa de acciones a balón parado, el conjunto de Allegri demuestra que esta será una de sus señas de identidad.

TAREAS DE ENTRENAMIENTO

DEL ANÁLISIS DEL JUEGO A LA PUESTA EN PRÁCTICA

Para que un equipo reproduzca de manera efectiva la idea que tiene el entrenador con cada uno de sus componentes y en cada una de las fases del juego, no podemos separar el partido del entrenamiento semanal. Es por ello por lo que, sabiendo los puntos fuertes y débiles del equipo, trataremos de crear tareas que permitan potenciar los primeros y mejorar los segundos.

Tras un exhaustivo análisis de los equipos de Allegri, trataremos de acercar al lector a través del entrenamiento de diferentes situaciones que hemos estudiado. Algunas están pensadas para el modelo de juego en el Milan y otras para el que creó en sus dos etapas en la Juventus de Turín.

Las tareas son diferentes para mostrar diferentes alternativas/ formas de entrenamiento, como son: juegos de líneas, juegos reducidos, partidos condicionados, situaciones de acción a balón parado, automatismos ofensivos, tareas de ritmo, juegos de posición y juegos de posesión.

TAREAS DE ENTRENAMIENTO

TAREA: JUEGO DE LÍNEAS 7 CONTRA 7

DESCRIPCIÓN DE LA TAREA
Juego de líneas 7 contra 7, distribuidos en central, línea de medios y delantero. Buscaremos mecanismos ofensivos que nos permitan tener situaciones de gol con nuestros interiores desde la segunda línea. Alternaremos inicios de juego.

Nro. jugadores	Fase	Tiempo	Repeticiones
14	Fase principal	20’	2 x 10’

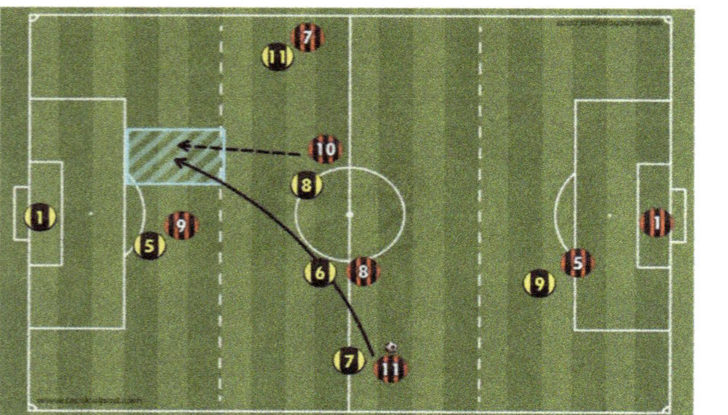

NORMAS

Objetivos principales:

- Trabajar la llegada de nuestros interiores; concretamente, el interior de lado contrario, ya que el interior de zona mantiene la posición previniendo una posible pérdida y una transición ataque-defensa.

Objetivos secundarios:

- Cambios de orientación: los buscaremos ya que nuestros extremos manifiestan una amplitud máxima en ataque. Podrán ser al pie y superar la zona de creación en conducción; o también al espacio, en función de la posición de su par.
- En salida de balón puede entrar un interior para hacer un 2 contra 1.

VARIANTES

- Si hay un cambio de orientación previo a un gol, vale doble.
- Poner un comodín ofensivo.

JUEGO DE LÍNEAS 9 CONTRA 9

Nro. jugadores	Fase	Tiempo	Repeticiones
18	Parte principal	20’	2 x 10’

DESCRIPCIÓN DE LA TAREA

Trabajo del tercer hombre en ataque posicional. Campo estructurado en 3 zonas.

Estructura del Milan 1-4-4-2 con la línea de 4 defensiva y los 4 futbolistas de juego interior en rombo, frente a un equipo en disposición 1-3-2-3.

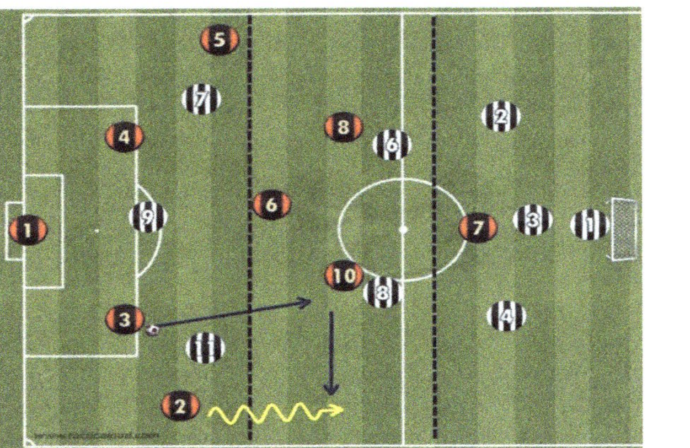

NORMAS

- El Milan deberá superar las 3 zonas para llegar a la portería rival. Para pasar de zona 1 a zona 2, podrá ser superando el 4 contra 3 en salida de balón; o con tercer hombre, buscando a uno de los 3 jugadores de la segunda zona y obligando a estos a jugar con algún compañero que haya avanzado hasta dicha zona para recibir.

De zona 2 a zona 3 habrá que jugar con el número 10 para realizar un tercer hombre y que otro de los jugadores de la zona 2 llegue a la zona 3 para finalizar; o superando el 4 contra 3, ya que rival puede bajar un jugador a zona 2 para defender.

Si llega el balón a la zona 3, el juego es libre.

- El equipo rival si roba, tiene 6 segundos para finalizar en la portería contraria.
- Si el Milan recupera de nuevo el balón, es la misma idea de transición ofensiva que el rival.

VARIANTES

- Hacer el doble de puntuación. Por un lado, los goles marcados por cada equipo. Por otro lado, cada vez que se produzca el concepto del tercer hombre, dar un punto.

TAREA: JUEGO DE LÍNEAS 8 CONTRA 8

DESCRIPCIÓN DE LA TAREA

Jugamos 8 contra 8 en 4 zonas marcadas para trabajar las diferentes variantes en la fase de inicio del Milan, en función de la presión de los jugadores del equipo rival.

Núm. jugadores	Fase	Tiempo	Repeticiones
16	Parte principal	20’	2 x 10’

NORMAS

- Variantes: 1. Encontrar laterales como hombres libres si no salta el carrilero; 2. Uno de los mediocentros atrae y el otro ocupa el espacio libre; 3. Línea de 3 con centrales y laterales; 4. Conducción de laterales para superar a sus pares y encontrar el hombre libre si el rival salta a acosar al poseedor y deja libre a su par.
- Intentaremos realizar las diferentes salidas en función de la presión rival: 1. Si los carrileros no saltan, el balón va a los laterales en zona 2; 2. Si un mediocentro viene a la zona 2, el otro ocupa su espacio en la zona 3; 3. Si el carrilero sigue al lateral en la zona 2, puede hundirse a la zona 1 para jugar en largo sobre el delantero centro en la zona 4; 4. Jugar con el lateral en zona 1-2 e intentar superar a su par.

VARIANTES

- Ir metiendo poco a poco las diferentes variantes.
- Crear más en función de la presión del rival.

TAREA: PARTIDO REDUCIDO 6 CONTRA 6

DESCRIPCIÓN DE LA TAREA

Partido reducido 6 contra 6 con el campo dividido en 4 zonas. El equipo que realiza la presión inicia cerrado en las dos zonas centrales. El equipo con balón se estructura en amplitud y profundidad.

El objetivo es robar en campo rival tras un primer un pase del portero hacia el jugador .

Nro. jugadores	Fase	Tiempo	Repeticiones
12	Fase inicial	20’	2 x 10’

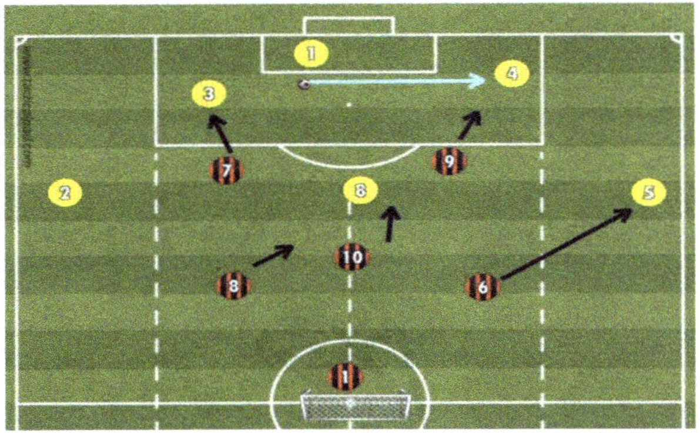

NORMAS

- Emparejamos delanteros centro con centrales rivales y media punta con mediocentro adversario. Los interiores se encuentran en la zona central para saltar al lateral de la banda de la zona activa y el contrario cierre por dentro.

  Una vez que jueguen con el lateral, ya se puede finalizar.

  El equipo defensor, tras el robo, también puede finalizar.
- Importancia del delantero para orientar la presión hacia el lado débil.
- Cada jugador identifica a su par.
- Transición rápida tras robo, ataques rápidos.
- Defensa de área tras recibir el centro.

VARIANTES

- Alternar inicios portero-central, portero-lateral, portero-mediocentro.

PARTIDO CONDICIONADO 11 CONTRA 11

DESCRIPCIÓN DE LA TAREA

Partido condicionado 11 contra 11 en el que partimos el campo en dos zonas de forma vertical y en 4 zonas de manera horizontal.

Los objetivos serán trabajar los cambios de orientación para superar con laterales por fuera; además de contar con la profundidad ofensiva que darán los puntas en el sistema 1-4-4-2 en rombo del Milan.

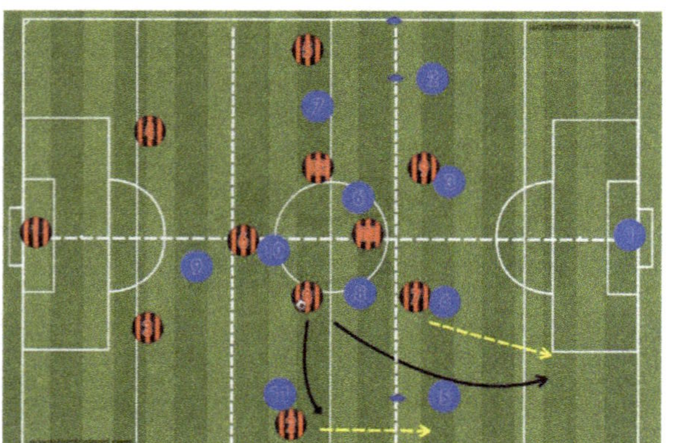

Núm. jugadores	Fase	Tiempo	Repeticiones
22	Parte principal	30’	2 x 15’

NORMAS

- El Milan se distribuye en las tres franjas centrales. Hay dos objetivos principales. El primero, superar por fuera en una zona de conos por parte de los laterales, conduciendo para llegar a la siguiente zona. Para ello deberán juntar al equipo dando varios pases en un costado, para trasladar el juego hacia el otro carril y que el lateral puede proyectarse. El segundo objetivo es el movimiento de los puntas hacia la banda en profundidad, para recibir al espacio en la última zona de juego.
- El rival tras robar el balón, dependiendo del perfil de equipo que se enfrente, efectuará un tipo de ataque u otro.

VARIANTES

- Colocar porterías exteriores para poder marcar, aparte de la portería central.

ACCIÓN BALÓN PARADO (ABP) DEFENSIVA

Núm. jugadores	Fase	Tiempo	Repeticiones
18	Parte principal	20’	2 x 10’

DESCRIPCIÓN DE LA TAREA

Defenderemos los saques de esquina y buscaremos una transición rápida si interviene el portero o si somos capaces de despejar.

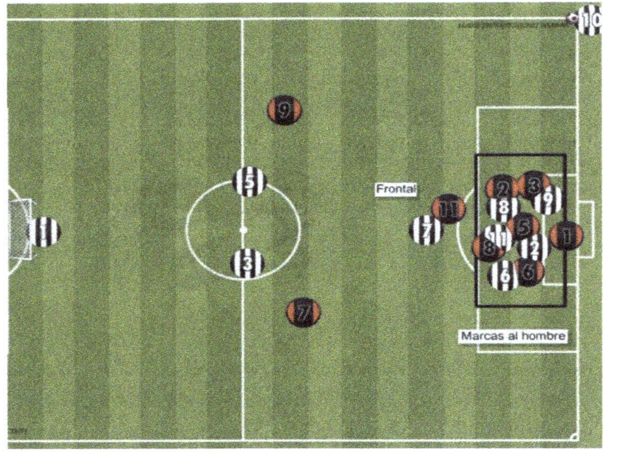

NORMAS

- Dentro del área haremos marcas individuales para centrarnos en las marcas al hombre.
- El objetivo es llevar el balón a los descolgados y generar una contra que nos permita acabar la acción en ocasión de gol.
- Cualquier balón atrapado por el portero, o despejado por alguno de los hombres con marca, irá a parar rápidamente a los dos jugadores más adelantados.
- Cuando se lanza el saque de esquina, a partir de ese momento, el juego es normal sin limitaciones.

VARIANTES

- Colocar también a los jugadores en zona para realizar la ABP defensiva completa.

AUTOMATISMOS EN ZONA DE FINALIZACIÓN

DESCRIPCIÓN DE LA TAREA
Automatismos en la zona de finalización del Milan con mediocentro, enlace, laterales y delanteros.

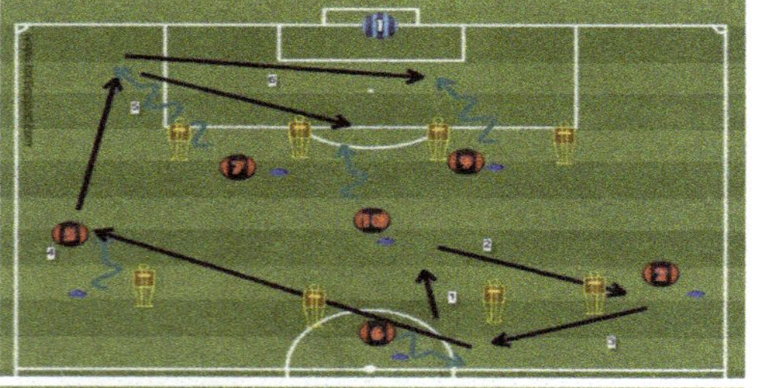

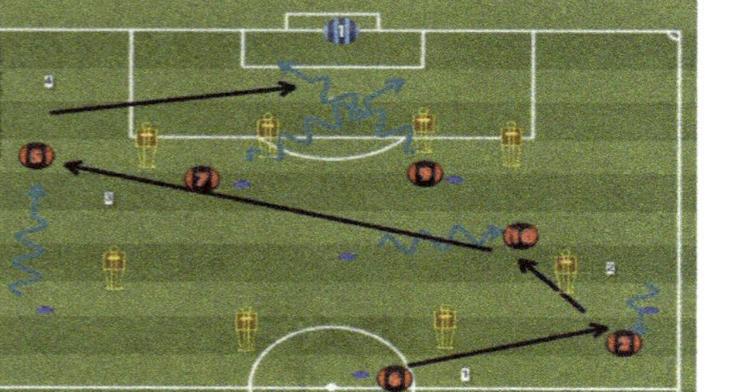

Nro. jugadores	Fase	Tiempo	Repeticiones
Todos repartidos en 6 posiciones	Parte inicial-principal	20’	2 x 10’

NORMAS

Primera imagen:

- El mediocentro combina con el enlace, quien juega con el lateral derecho; este, a su vez, vuelve a jugar con el mediocentro para que realice un cambio de orientación hacia el lateral izquierdo.
- El lateral izquierdo juega en profundidad con el delantero de la zona activa, que pone un pase atrás para el enlace o un centro para el otro delantero.

Segunda imagen:

- El mediocentro abre hacia la banda para el lateral derecho, este juega sobre el apoyo del enlace, quien controla y cambia el juego al lateral contrario que viene en carrera.
- El lateral izquierdo controla tras desmarcarse en profundidad y centrará para el remate de uno de los dos delanteros centro, que se cruzan para atacar diferentes zonas de remate.

VARIANTES

- Se pueden crear tantas acciones de finalización como se consideren adecuadas para el modelo implantado y los movimientos en campo contrario.

JUEGO DE LÍNEAS 8 CONTRA 7

DESCRIPCIÓN DE LA TAREA

Juego de líneas 8 contra 7 para trabajar la salida con los tres centrales. Tarea dividida en dos partes.

El objetivo es superar el 3 contra 2 en fase de inicio sin necesidad de buscar el pase con un compañero de la siguiente línea.

Núm. jugadores	Fase	Tiempo	Repeticiones
15	Fase inicial - principal	20'	2 x 10'

NORMAS A INCIDIR

- Objetivo principal: superar la primera zona con el 3 contra 2.
- Una vez que supera a uno de los dos centrales en la zona de creación, se intenta finalizar la acción. No se permite que el central finalice, ya que consideramos que es bastante improbable que suceda una jugada en el partido con inicio y fin en conducción.
- Importancia de las vigilancias ofensivas: 2 contra 2 en la zona 1, ya que solamente pasa a zona 2 el jugador que es capaz de superar la primera zona en conducción.
- El equipo defensor debe buscar transiciones rápidas cuando recupera balón.
- Si el equipo defensor ataca por fuera en transición y realiza un centro lateral, trabajar los comportamientos de defensa de área con la superioridad 3 contra 2.

VARIANTES

- Posibilidad del concepto del tercer hombre para que juegue con otro central y progresar.

JUEGO DE POSESIÓN 3 CONTRA 3 + 5 COMODINES

DESCRIPCIÓN DE LA TAREA

Se juega, en un espacio dividido en 4 cuadrados, un 3 contra 3 más 1 comodín interior y, por fuera separado por 2 metros, se posicionan fuera 4 comodines exteriores.

Nro. jugadores	Fase	Tiempo	Repeticiones
11	Parte inicial	14’	2 x 7’

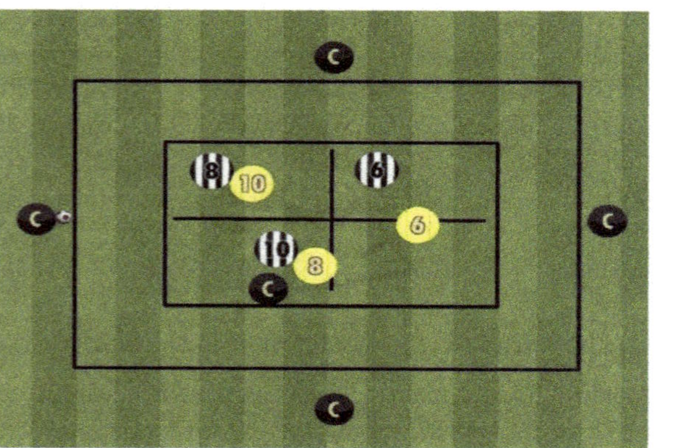

NORMAS

- Cuando el balón lo tiene un jugador de uno de los dos equipos, los futbolistas lejanos se meten dentro de la zona de apoyo (solo pueden estar 5 segundos: si reciben el pase, se mueven a dar otro apoyo).
- Cada vez que juguemos con un alejado, sumamos un punto.
- No limitar contactos ni tiempo, pero sí comentar de su importancia para darle velocidad y generar un ritmo alto en la tarea.

VARIANTES

- El comodín interior juega a un contacto.
- Exigir a la defensa a estar en los dos cuadrados cercanos a los comodines exteriores para generar espacios a la espalda.

JUEGO DE LÍNEAS 9 CONTRA 9

DESCRIPCIÓN DE LA TAREA

9 contra 9 en un espacio dividido en dos de forma vertical (campo separado en zona 1 y zona 2) y en tres carriles de manera horizontal (dos exteriores y uno central). El objetivo principal es el pase a un jugador que está entre líneas.

Nro. jugadores	Fase	Tiempo	Repeticiones
17	Parte principal	20’	2 x 10’

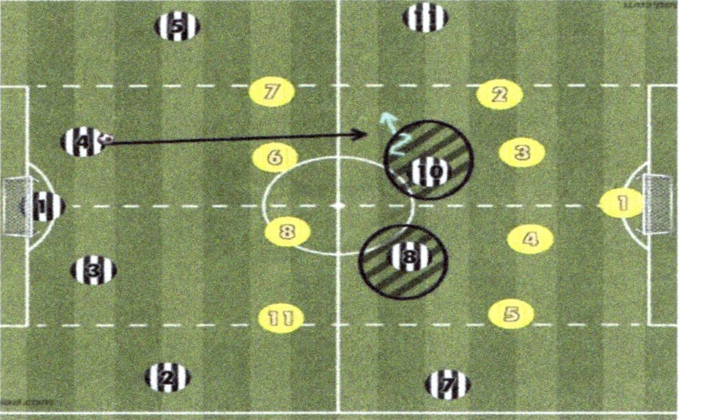

NORMAS

- El equipo ofensivo trata de superar líneas, llevando el balón a la zona 2 por los carriles exteriores; o también, como objetivo principal, intenta filtrar un pase para los interiores/enlaces. Si el gol se da por filtrar pase a éstos, vale doble. Deberán mover el balón muy rápido de un costado al otro hasta encontrar el espacio para poder filtrar el pase, ya que el rival basculará constantemente de un lado al otro.
- El equipo defensivo juega con 4 en línea de medios (1-4-4-2), bascula e intenta llevar la presión al carril exterior para robar y tratar de finalizar. La primera línea deberá estar atenta por si el rival filtra un pase a los jugadores número 8 o 10 para así saltar sobre ambos.

VARIANTES

- Poner la misma estructura y que ambos equipos busquen el objetivo.

JUEGO DE POSICIÓN 7 CONTRA 7 + 3 COMODINES

DESCRIPCIÓN DE LA TAREA

7 contra 7 + 3 comodines ofensivos, uno por dentro y dos por fuera.

Dos series; en cada una, un equipo intenta mantener el balón bajo las consignas del mediocentro de la Juventus; mientras tanto, el otro equipo roba el balón e intenta llevarlo a todos los cuadrados/zonas que sea posible.

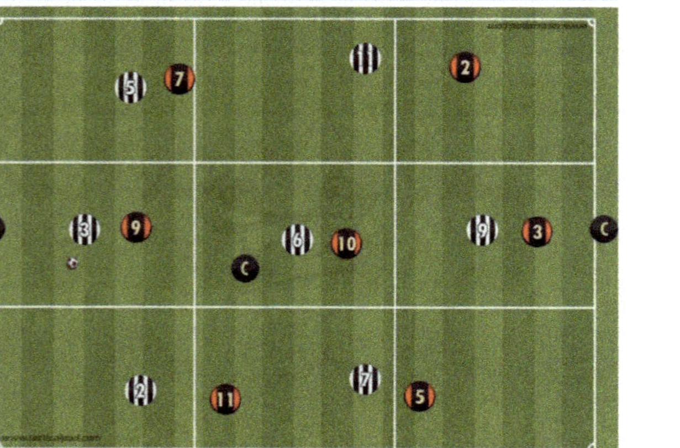

Nro. jugadores	Fase	Tiempo	Repeticiones
17	Parte inicial	20'	2 x 8'

NORMAS

- Trabajaremos el pressing tras pérdida cuando el equipo que intenta mantener balón lo pierde e intenta recuperarlo inmediatamente. Cada cuadrado/zona a donde lleve el balón el rival, será un punto.
- En cada cuadrado solamente habrá como máximo 1 jugador ofensivo y 2 defensivos, uno acosando al poseedor y otro tapando la línea de pase cercana. El resto de los jugadores defensivos tienen como objetivo tapar a los cercanos, saltando a cuadrados cercanos.

VARIANTES

- Cada X cuadrados conquistados cambiamos el rol y el equipo ofensivo pasa a robar, y viceversa.

JUEGO POSICIÓN 9 CONTRA 9 + COMODÍN

DESCRIPCIÓN DE LA TAREA

Juego de posición 9 contra 9 con comodín ofensivo y en un campo dividido en diferentes zonas marcadas.

Se anota un punto cada equipo si llevan el balón de su portero al otro.

Respetando la estructura, con y sin balón, pueden pisar cualquiera de las zonas establecidas.

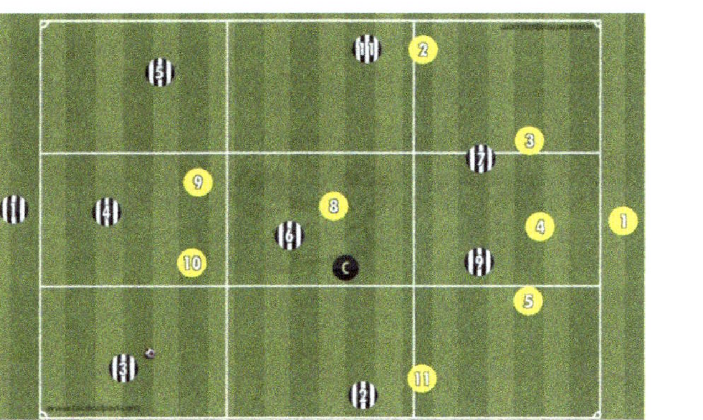

Nro. jugadores	Fase	Tiempo	Repeticiones
19	Parte inicial	15-20’	2 x 8’

NORMAS

Las primeras zonas son para los centrales que se manifiestan en amplitud para superar el 3 contra 2.

Por dentro 1 contra 1 más comodín que solamente puede jugar en los límites de la zona central.

Carrileros altos. Estos solo ocuparán la zona central avanzada.

Los delanteros únicamente pueden jugar en las 3 posiciones más avanzadas, sin coincidir en uno de los cuadrados.

VARIANTES

Para anotar un gol:

- Llevar el balón a los dos carriles exteriores.
- Jugar con los alejados.
- Realizar el concepto de tercer hombre.

PARTIDO CONDICIONADO 9 CONTRA 9

DESCRIPCIÓN DE LA TAREA
Trabajamos el saque de inicio de la Juventus. Siempre disponen de acumulación de jugadores en un costado para poder desplazar, ganar acción en el campo contrario y buscar la portería rival.

Nro. jugadores	Fase	Tiempo	Repeticiones
18	Parte principal	20’	2 x 10’

NORMAS

- La Juventus siempre saca de medio con un pase atrás que es trasladado la mayoría de veces por sus centrales con mejor desplazamiento.
- Cuando les acosan, pasan el balón al lateral para que se proyecte él; o también, vuelve a pasar al central para desplazarse. Pocas veces se juega en corto.
- A la disputa van varios jugadores con el objetivo de ganar la acción y estar en el campo rival desde el minuto 0 de partido.
- Cuando se saca de medio el juego se vuelve normal. A partir del saque no hay más normas o consignas que cumplir.

VARIANTES

- Marcar diferentes zonas para puntuar.
- Que cada duelo sea un punto. Resultado a goles y a puntos por ganar disputas aéreas.

TAREA DE RITMO DE JUEGO

DESCRIPCIÓN DE LA TAREA

Tarea de ritmo de juego para extremos y situaciones de igualdad numérica. Juventus utiliza los extremos, tanto a pierna natural como a pierna cambiada, por eso buscaremos situaciones de finalización donde ellos deban acabar jugadas en diferentes contextos/situaciones del juego.

Nro. jugadores	Fase	Tiempo	Repeticiones
8	Parte inicial	16’	2 x 8’

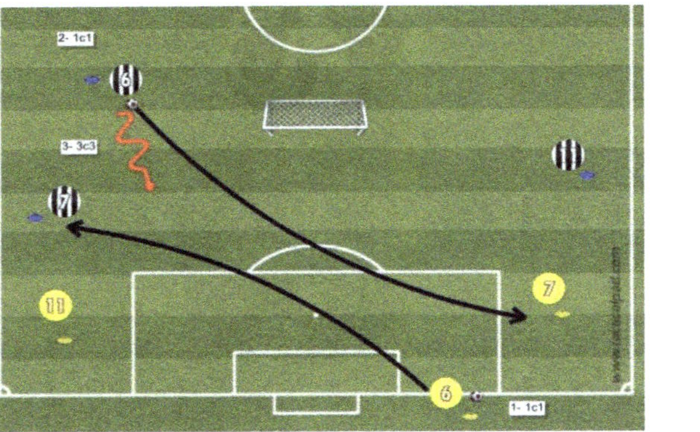

NORMAS

1: Pase de jugador rojo alejado a extremo azul. 1 contra 1.
2: El azul alejado juega en largo para el extremo rojo. Una vez que controla, 1 contra 1 con el lateral azul.
3: El azul alejado inicia la conducción una vez que finaliza la segunda acción. Se produce un 3 contra 3. Esta igualdad es hasta el final; es decir, tras los robos hay transiciones hasta que finalice la acción.

VARIANTES

- Ir metiendo poco a poco las diferentes variantes, como un 2 contra 1 por fuera con lateral-extremo.
- Añadir situaciones de ataque con más jugadores. Este tipo de tareas con cambios de rol, en un inicio, son complejas de entender para algunos jugadores. Podemos ir aumentando la dificultad y añadir acciones/jugadores.

PARTIDO CONDICIONADO 11 CONTRA 11

DESCRIPCIÓN DE LA TAREA
Partido 11 contra 11 en el que la Juventus debe buscar, a través de consignas ofensivas trabajadas, cómo generar ocasiones a un equipo que le defiende en bloque bajo, como la mayoría en la liga italiana.

Nro. jugadores	Fase	Tiempo	Repeticiones
22	Parte principal	30’	2 x 15’

NORMAS

El campo estará distribuido en dos zonas:

- La primera zona será para los centrales y el mediocentro, los cuáles pueden pasar a la zona 2 en conducción, pero deben dar prioridad a quedarse en dicha zona y trabajar vigilancias ofensivas para estar preparados ante una posible pérdida. Los laterales deben dar profundidad y estirar al equipo por las bandas; sin embargo, también pueden entrar en alguna ocasión en la zona 1 (limitar). En la primera zona, si hay pérdida, puede entrar cualquier jugador.
- En la segunda zona los laterales manifiestan profundidad y los extremos alternan posiciones exteriores e interiores. Dependiendo el perfil, incidirán más en una zona u otra.
- Equipo rival debe intentar robar y generar una ocasión de gol lo más rápido posible (marcar límite de tiempo si hace falta).
- Juventus debe apretar hacia delante; es decir, intentar que no salgan de la zona de pérdida y saltar al poseedor para que no se desplace. Importancia del pressing tras pérdida.

VARIANTES

- Puntuar según consigan diferentes objetivos en el juego posicional propuesto

SOBRE EL AUTOR

Isaac Juárez, nació en Esplugues de Llobregat (Barcelona) el 6 de mayo de 1987, es entrenador nacional de fútbol y coordinador de fútbol por la Federación Catalana de Fútbol. Durante más de 10 años ha entrenado en diversos clubes de Catalunya, desde la base hasta el fútbol amateur.

Compagina la tarea de entrenador con la de maestro, ya que estudió magisterio de Educación Física, labor que ejerce desde hace más de una década en Catalunya.

Estudioso del fútbol, dedica su tiempo a verlo y analizarlo. Este trabajo es una buena muestra de ello.

www.ingramcontent.com/pod-product-compliance
Ingram Content Group UK Ltd.
Pitfield, Milton Keynes, MK11 3LW, UK
UKHW062302290726
14090UKWH00017B/834

9 789878 370613